비코 자서전

GIAMBATTISTA
VICO

비코 자서전

지성사의 숨은 거인

잠바티스타 비코 지음 | 조한욱 옮김

교유서가

일러두기

현행 국립국어원 외래어 표기법은 실제 이탈리아어 발음과 차이가 있다. 대표적인 것이 'z' 발음인데, 이탈리아어에서는 자음이 겹칠 경우, 가령 'pizza'를 '피짜'로 발음하듯이 그 음가를 모두 발음한다. 그런데 현행 외래어 표기법에서는 'z'와 'zz' 모두 'ㅊ'으로 옮기고 있다. 예컨대 '피렌체', '베네치아', '로렌초', '칸초네'와 같은 표기가 일상적으로 통용된다. 본서에서는 'zz'는 관례대로 'ㅊ'으로 옮겼지만, 'z'는 실제 발음에 가깝게 'ㅈ'으로 옮겨, 피렌제, 베네지아, 로렌조, 칸조네 등으로 표기했다.

옮긴이 서문

이 책은 잠바티스타 비코의 『자서전*Autobiografia*』을 우리말로 옮긴 것이다. 번역의 저본으로 사용한 것은 1911년부터 1941년에 걸쳐 파우스토 니콜리니가 편찬하여 리카르도 리차르디 출판사에서 출간한 『비코 전집*Opere*』의 제1권이다. 물론 번역 과정에서 다른 언어로 된 번역본의 도움도 받았다. 두말할 필요도 없이 그중 첫번째는 맥스 해럴드 피쉬와 토머스 고다드 버긴의 공동 번역으로 1944년에 출간된 뒤 비코를 더 널리 알리면서 비코 연구의 확산에 크게 기여했던 영역본이다. 또한 일본을 넘어 전 세계적으로 비코 학자로 명성을 날리고 있는 철학자 우에무라 다다오는 자신이 번역하여 2012년 평범사平凡社에서 출간한 비코의 『자전自傳』을 보내주어 『새로운 학문』에 이어 이번 『자서전』의 번역에도 참고할 수 있는 훌륭한 자료를 제공해주었다. 일본어 해독에는 제자 권한솔 씨의 도움이 필수적이었다. 이 책에 부록으로 실은 비코의 시 「절망한 자의 사랑*Affetti di un Disperato*」은 우에무라 선생의 번역본에도 수록되어 있는데, 권한솔 씨의 꼼꼼한 번역은 나의 해석이 우에무라 선생의 그 시에 대한 해석과 완연하게 달라질 수 있는 토대가 되었다.

도움은 독일에서도 왔다. 아직 일면식도 없지만 SNS를 통해서 상당히 큰 교감을 나누고 있는 김한성 씨는 『자서전』의 독일어 번역본이 있다는 것을 알려주었고, 내가 그것을 접할 수 있도록 배려해주었다. 1948년에 빈첸츠 뤼프너가 번역한 비코 『자서전*Autobiographie*』이 별로 알려지지 않은 이유는 뤼프너가 나치에 동조한 철학자였던 사실에 있지 않을까 조심스럽게 추측해본다. 또한 김한성 씨와 페이스북을 통해 나눈 대화는 비코의 시 「절망한 자의 사랑」에까지 이어졌는데, 그 시를 부록으로 실을 결심을 하게 된 계기가 김한성 씨의 적극적인 권유였음을 밝히며 이 자리를 빌려 감사의 말씀을 전한다.

미국과 일본과 독일의 번역은 모두 이 책과 저본이 다르다. 그 번역본들은 베네데토 크로체와 파우스토 니콜리니가 공동으로 편찬하여 1929년에 라테르자 출판사에서 간행한 판본을 저본으로 사용했다. 본문은 동일하다고 하여도 니콜리니가 단독으로 출간한 이 책의 저본과 니콜리니가 크로체와 함께 공동으로 편집한 그 판본은 각주에 있어서 상당한 차이를 보인다. 본서에서는 독자의 편의를 돕기 위해 번역자 나름으로 반드시 필요하다고 여긴 정보들을 여러 판본에서 함께 모았다.

리카르도 리차르디 출판사에서 간행한 이 책의 저본과 라테르자 출판사의 판본 사이에는 여러 차이가 있다. 이 책의 저본은 비코 생애의 여러 시기를 세분화해 비코의 지적 성장 과정을 더 세밀하게 들여다볼 수 있게 만들었다는 장점을 갖고 있다. 그렇지만 그 두 판본 사이의 가장 큰 차이는 자서전이 끝나는 지점이다. 이 책의 저본은 비코가 집필을 마쳤던 1725년에서 끝이 난다. 반면 크로체와 니콜리니가 함께 편찬한 저본에서는 그 이후 비코의 말년과 사망 이후에 벌어진 일에 대해 70년 이상이 지난 뒤 나폴리의 학자 빌라로사 후작이 덧붙인 부분까지 서술하고 있다. 하지만 엄밀하게 말하면 그 나머지는 비코에 대한 타인의 '전기'이지 비코의 '자서전'은 아니다. 그것이 이 책에서 그 부분을 부록으로 처리한 이유이다.

또다른 부록인 비코의 시 「절망한 자의 사랑」은 우에무라 다다오의 『자전』 외에도 영국 학자 애덤스(H. P. Adams)의 저서 『비코의 생애와 저술』에 영어 번역이 수록되어 있다. 애덤스의 번역은 철학적 해석에 맞추어 경우에 따라서는 시행의 순서를 바꾸거나 축약한 곳도 더러 보인다. 우에무라 선생의 해석도 기본적으로는 애덤스의 해석에 기반을 둔 것으로 보인다. 그 해석들은 철학적으로 해석하려는 선입관을 갖고 그 틀 속에서 조명하려 한 것으로 보여 수긍하기 어려운 부분이 상당히 많다. 본서에서는 리카르도 리차르디 출판사에서 출간된 『비코 전집』 의 제1권에 수록된 「절망한 자의 사랑」을 어떤 선입관에도 구애받지 않고 가능한 한 정확하게 옮기려 했다는 것을 밝힌다. 이 책에서 그 시의 이탈리아어 원문을 수록한 이유는 영국과 일본의 번역과 본서의 번역의 차이에 대해 독자 스스로 판단하시라는 생각이 깔려 있다. 그 시가 비코의 생애와 사상에 대해 갖는 내 나름의 더 상세하고 흥미로운 이야기는 해제로 돌린다.

덧붙여, 『새로운 학문』과 『새로운 학문의 원리』 등 같은 책이나 같은 인물인데도 불구하고 때때로 다르게 표기한 것은 원전의 표기를 그대로 옮겼기 때문이다. 외국어 원전 표기의 경우에도 마찬가지이다. 심지어 나이까지 여러 곳에서 차이가 나는 것도 비코가 처음에 탄생 연도를 잘못 기록한 것에서 비롯되었기에 기록한 사람들에 따른 차이를 그대로 반영하였다.

편집자로서 뛰어난 식견에 더해 비코에 대한 애정을 갖고 이 책이 더 높은 격조를 갖출 수 있도록 도움을 아끼지 않은 강건모 씨에게 감사의 말을 전한다.

이 비코 초상화는 화가 프란체스코 솔리메나의 작품이다. 원작은 1819년 화재로 소실되었지만, 비코의 말년과 사망 직후를 기록한 빌라로사가 소장한 모사품으로부터 복원한 것이다.

I

유소년기

(1668~1686)

잠바티스타 비코Giambattista Vico는 1670년[1] 나폴리에서 상당히 평판이 좋던 선량한 부모 사이에서 태어났다. 아버지는 쾌활했고 어머니는 우울한 편이었는데, 두 기질을 모두 물려받았다.[2] 실로 그는 잠시도 가만있질 못하는, 대단히 활력 넘치는 아이였다. 그러다 일곱 살 때, 사다리에 올라갔다가 꼭대기에서 곤두박질치는 바람에 거의 다섯 시간 동안이나 실신

1_ 비코 자신의 기술과 달리 비코는 1668년 6월 23일 산비아조 데이 리브라이(San Biagio dei Librai) 가(街) 31번지에 있는 서점의 반지하방에서 태어났다. 그것은 베네데토 크로체(Benedetto Croce)가 1941년에 세운 비코의 비문에 새겨져 있다. Vico, *Opere*, I, ed. Fausto Nicolini (Riccardo Ricciardi Editore: Milano & Napoli, 1911~1941) p. 3, n. 1.

2_ 아버지 안토니오 비코(Antonio Vico)는 나폴리 부근 마달로니(Maddaloni) 출신의 가난한 농부였고, 어머니 칸디다 마술로(Candida Masullo)는 나폴리 출신으로 마차를 만드는 공인의 딸이었다. 그들은 1659년 5월에 결혼했다. 어머니는 안토니오의 두번째 부인으로서 잠바티스타 비코는 그들 사이에서 태어난 여덟 남매 중 여섯째였다.

비코는 1668년 6월 23일 나폴리의 책방이 즐비했던 서점가(Strada dei Librai) 31번지, 아버지 안토니오가 운영하던 서점에서 태어났다. 비코는 이 서점 2층에 딸린 작은방에서 17살까지 살았다. 크로체가 만든 이 명판은 그 사실을 말해준다.

한 적이 있었다.[3] 두개골 오른쪽에 금이 갔는데 살갗이 찢기지는 않았다. 하지만 두개골 골절로 큰 혹이 생겼고, 깊은 내상으로 여러 부위에 걸쳐 다량의 뇌출혈이 있었다. 골절된 두개골을 검사한 의사는 그가 꽤 장시간 기절해 있던 사실을 감안하여, 이 아이는 죽거나 또는 회생하더라도 바보가 될 것이라고 진단했다. 그렇지만 신의 가호로 그 어느 쪽도 현실이 되지 않았다. 그 끔찍한 사고의 후유증은 다르게 나타났다. 상처가 아물면서 그는 점점 우울하고 참을성 없는 사람으로 변해갔다. 그것이 천재성과 심오함을 가진 사람들에게 적합한 성격임은 분명하다. 천재성은 예민함 속에서 번쩍이는 섬광이며, 심오함은 말장난이나 그릇됨을 즐기지 않는 데서 비롯하기 때문이다.

3년여의 긴 회복기를 지나 그는 다시 문법학교[4]로 돌아갔다. 집에 돌아오면 선생님이 내준 숙제를 단시간에 쉽게 끝내곤 했는데, 아버지는 선생님이 무신경하다고 생각했다. 어느 날 아버지는 선생님과의 면담 자리에서 자신의 아들이 숙제를 잘하고 있는 좋은 학생인지 물었다. 그렇다는 대답이 돌아

3_ 그가 사다리의 꼭대기에 오른 것은 아버지 서점의 높은 서가에 있던 책을 꺼내기 위해서였다.

4_ 초등학교를 가리킨다.

오자 아버지는 숙제를 두 배로 내달라고 부탁했다. 그러자 선생님은 다른 학생들과 진도를 맞춰야 한다고 반박하면서, 한 명만을 위한 학급을 만들 수는 없고 다른 선택은 상급반이 있을 뿐이라고 말했다. 두 사람의 대화를 가만 듣고 있던 소년은 큰 용기를 내어 자신을 상급반으로 월반시켜달라고 선생님에게 요청했다. 학습 수준에 맞춰 그 스스로 준비하겠다는 것이었다. 선생님은 아이가 적응할 수 있는지 시험해보기 위해서라기보다는 그 어린 천재가 어떻게 해나갈지 보고 싶어 월반을 결정했는데, 며칠 만에 그가 스스로 터득해가는 것을 목격하고 놀라지 않을 수 없었다.

첫번째 선생님을 떠난 뒤 그는 다른 선생님을 만났는데, 그 선생님과 함께 보낸 시간도 아주 짧았다. 왜냐하면 아버지가 그를 제수이트회 신부들이 운영하는 학교로 보내라는 조언을 귀담아들었고, 그 학교에서도 비코를 제2학교에 받아들이기로 했기 때문이다.[5] 학교에서는 단번에 그의 천재성을 알아보고 가장 뛰어난 학생 세 명과 차례로 경쟁시켰다. 신부들이 "근면함"이라고 불렀던 비범한 학업 성취의 면에서 그는 첫번째 학생을 부끄럽게 만들었다. 두번째 학생은 그를 넘어서려

5_ 나폴리에 있던 제수이트회의 대학교 콜레지오 마시모(Collegio Massimo)의 부속학교로, 오늘날 대학 도서관의 자리에 있었다.

애쓰다가 병에 걸리고 말았다. 사제단의 총애를 받던 세번째 학생은 그들이 "목록"이라고 부르던 것을 다 읽어내기도 전에 "학업 성취 탁월"[6]이라는 평가를 받으며 제1학교로 진급하는 특혜를 받았다. 모욕감을 견딜 수 없었던 잠바티스타는 1학기에 배웠던 것을 2학기에 다시 반복해야 한다는 사실에 더더욱 분개하며 학교를 자퇴했다. 그러고는 집 안에 틀어박혀서 제1학교와 인문학 학교에서 신부들이 다 가르치지 못했던 알바레스[7]를 독학으로 공부하기 시작했고, 10월에는 논리학 연구에 손을 뻗었다.[8] 그 시절, 그는 여름날 밤에도 책상 앞에 앉아 있곤 했다. 선잠에 들었다 깬 그의 자애로운 어머니는 아들에게 제발 들어가서 자라고 말했지만, 동이 틀 때까지 공부하고 있는 것을 보는 날이 많았다. 이때의 생활은 그가 학문의 세계에서 성장하면서 훗날 학자로서의 평판을 견고하게 유지할 수 있었던 토대가 되었다.

6_ 원어는 "approfittato".

7_ 에스파냐의 제수이트회 수도사 엠마누엘레 알바레스(Emmanuele Alvarez: 1526~1582)를 가리킨다. 그는 제수이트회에서 설립한 모든 학교에서 채택한 『문법 강요 *Institutiones grammaticae*, 文法 綱要』의 저자이다.

8_ 제수이트회에서 설립한 학교의 교육 과정은 "하급 연구"와 "고급 연구"로 이루어진다. "하급 연구"는 주로 라틴어와 약간의 그리스어의 문법에 대한 3단계의 수업과 2단계의 인문학과 수사학 수업으로 구성된다. "고급 연구"는 논리학부터 시작하는 2~3년의 철학 수업과 4년의 신학 수업으로 구성된다. 비코는 이 과정에 맞추어 독학한 것이다.

비코를 학문의 길로 인도했던 스승 안토니오 델 발조 신부.

유명론 철학자인 제수이트회의 안토니오 델 발조 신부가 그의 스승이 된 것은 운명적이었다.[9] 학교에서 좋은 "숨물라이"[10] 학자는 훌륭한 철학자이며, 페트루스 히스파누스가 숨물라이를 쓴 최고의 작가라는 이야기를 들었던 그는 페트루

9_ 안토니오 델 발조(Antonio del Balzo: 1656~1752) 신부는 나폴리 태생으로 콜레지오 마시모 대학교에서 가르치면서 독실한 삶을 살았다.
10_ "숨물라이"는 대작의 "개요"를 가리킨다.

스를 연구하는 데 온힘을 다했다.[11] 그 뒤 스승으로부터 파울루스 베네투스[12]가 모든 숨물라이 학자들 가운데 가장 명석하다는 말을 들은 뒤 더 큰 성취를 위해 그에게 몰두했다. 그러나 크리시포스[13]의 논리학과 같은 학문을 받아들이기엔 그의 지성이 아직 여물지 않았기 때문에 얼마 지나지 않아 방향을 잃게 되었고, 대단히 유감스럽게도 거기서 포기할 수밖에 없었다. 좌절이 극심한 나머지 아예 공부 자체를 포기할 생각까지 했으니 젊은이들이 자신의 연배를 넘어서는 학문을 공부한다는 것은 얼마나 위험한 일인가! 그리하여 그는 공부를 멀리한 채 1년 반가량을 허송세월했다. 여기서 우리는 르네 데카르트가 자신의 철학과 수학만을 숭상하면서 인간의 지식과 신의 지식을 구성하는 다른 모든 학문을 손쉽게 비하했던 태도를 취하는 시늉이라도 해서는 안 된다. 오히려 우리는 역사가의 마땅한 성실성을 기조로 비코가 연구했던 모든 과정을 단계별로 솔직하게 기술할 것이다. 그리하여 학자로서 그가 발

11_ 페트루스 히스파누스(Petrus Hispanus: 1215~1277)는 『논리학 숨물라이 *Summulae logicales*』의 저자로 알려져 있는데, 리스본 출신으로서 1276년에 교황 요한 21세로 선출되었다. 그렇지만 그 사실성에 대해서는 논란의 여지가 있다.

12_ 우디네 출신의 파올로 니콜레티(Paolo Nicoletti: 1372?~1429)를 가리킨다. 그도 『논리학 숨물라이』를 썼다.

13_ 크리시포스(Chrysippus: 279?~206? BC)는 그리스의 스토아학파 철학자였다.

전해왔던 적절하고도 당연한 이유가 알려지도록 할 것이다.

이렇듯 비코는 소년기 초기 잘 닦여 있던 직선의 경로에서 벗어나 방황하긴 했지만, 다시 자신의 재능을 발견하고 포기했던 길을 되찾아 그 길을 가기로 결심했던 것이다. 그것은 마치 오랫동안 전쟁터에 길들여진 말이 목초지에서 한가로이 풀을 뜯다가 나팔 소리를 듣자마자 전투적인 충동을 느끼고 기사를 태워 전쟁터로 내달리는 것과 같다. 비코에게는 산로렌조에 있는 유명한 인푸리아티 아카데미에서 보낸 몇 년 간의 회복기가 그 기회가 되었다.[14] 그곳에서는 도시의 뛰어난 학자들이 중요한 법률가들, 의원들,[15] 귀족들과 교류하고 있었다. 훌륭한 아카데미가 그 도시에 아름다운 결실을 낳게 했다. 좋은 혈통과 약간의 경험과 큰 신뢰와 희망으로 가득 찬 젊은이들이 상찬과 영광을 찾아 연구에 몰두했다. 그 뒤, 그들 앞에

14_ 실제로 비코가 인푸리아티(Infuriati) 아카데미에서 회복했던 기간은 훨씬 이후인 1690년 4월이었다. 비코는 다른 아카데미와 혼동했을 것이다. 인푸리아티 아카데미는 1610년대에 문을 연 뒤 1672년까지 운영되었다. 1690년에 다시 문을 열었지만, 1692년에 우니티(Uniti) 아카데미로 명칭을 바꾸었다. 비코는 우니티 아카데미에 잠시 몸을 담았었다. 그러나 본문에서 말하는 시기는 이것보다 훨씬 이전의 일이다. 비코가 이 당시에 잠시 다녔던 아카데미는 1683년에 문을 열었던 인베스티간티(Investiganti) 아카데미였을 것이다.

15_ 그 당시 나폴리 사람들은 "신성 왕립 평의회"(Sacro Regio Consiglio)의 위원들을 "의원"(senatori)이라고 불렀다. "신성 왕립 평의회"는 아라곤의 알폰소 5세(1396~1458)가 1442년에 설립한 최고의 사법재판소로 1808년까지 존속했다. 아라곤의 알폰소 5세는 나폴리 왕국의 알폰소 1세와 같은 인물이다.

유용성을 고려해야 하는 신중함의 시대가 도래했을 때, 그들은 연구의 가치와 장점을 부각함으로써 그 상찬과 영광을 비로소 누릴 수 있었다. 그리하여 비코는 제수이트회의 또다른 신부 주세페 리치[16]의 지도 아래 다시 철학으로 돌아갔다. 리치 신부는 예리한 통찰력을 가진 사람으로서 둔스 스코투스 학파[17]에 속하지만 밑바닥에서는 제논주의자였다.[18] 비코는 리치 신부로부터 "추상적인 실체"가 유명론자 발조 신부가 말하는 "양태modi"보다 더 큰 현실성을 갖는다는 가르침을 기꺼이 배웠다. 이것은 비코가 언젠가는 다른 무엇보다도 플라톤의 철학에서 즐거움을 찾게 될 것임을 예견해준 것이었는데, 스콜라철학의 어느 누구도 스코투스만큼 플라톤의 철학에 근접할 수는 없었기 때문이다. 그 뒤 비코는 아리스토텔레스가 『형이상학』에서 제논의 "논점"에 대해 논했던 것을 따라했지만, 그것은 아리스토텔레스와는 다른 심정에서 이루어진 일

16_ 주세페 리치(Giuseppe Ricci: 1650~1713)는 레체(Lecce)에서 태어나 나폴리에서 사망했다. 그는 "개연론*probabilismo*"에 관한 책을 썼다.

17_ 둔스 스코투스(Duns Scotus: 1265?~1308)는 스코틀랜드 출신의 신학자로서 토마스 아퀴나스, 윌리엄 오컴과 함께 중세의 신학을 이끌었다. "섬세한 박사"라는 별명으로 불리기도 하는 그의 철학과 비코의 철학 사상 간의 유사성도 주목받고 있다.

18_ '제논의 역설'로 유명한 엘레오의 제논(490?~430? BC)이 아니라 그보다 한 세기 뒤에 살았던 키티온의 제논(335?~263? BC)을 가리킨다.

이었다.[19] 그러나 비코의 눈에는 리치 신부가 존재와 실체 사이의 형이상학적 차이를 설명하려는 데에만 너무 오랫동안 집착하는 것처럼 보였다. 그는 새로운 앎을 원했다. 그는 수아레스 신부[20]가 『형이상학』에서 형이상학자에게 걸맞은 뛰어난 방식으로 철학에서 알 수 있는 모든 것을 대단히 명확하고 손쉽게 논했고, 그 자신도 달변가였다는 말을 들었다. 그리하여 그는 또 다시 학교를 떠나 1년 동안 집 안에 틀어박혀 수아레스를 공부했다.

한번은 이 시기에[21] 그의 성향이 그를 왕립 대학교에서 열리는 펠리체 아쿠아디아[22]의 수업으로 이끌었다. 아쿠아디아는 법학의 훌륭한 수석 강사로서 제자들에게 헤르만 불테이

19_ 이것은 비코의 저서 『고대 이탈리아인들의 지혜*De antiquissima italorum sapientia*』의 제1부인 "형이상학"에 실려 있다. 니콜리니는 여기에서 말하는 제논이 실재하는 제논이 아니라 비코의 상상 속에서 만들어진 인물이라고 지적하면서, 그 논점들 역시 비코 자신의 철학적 발견이라고 주장한다. Vico, *Opere*, I, p. 6, n. 7.

20_ 프란치스코 수아레스(Francisco Suarez: 1548~1617) 신부는 제수이트회 소속으로 『형이상학 논쟁*Disputationes Metaphysicae*』이라는 저서의 저자이다.

21_ 대략 1684년 무렵의 일이다. 이것은 1689년에 정식으로 법학도로 등록했던 것보다 훨씬 이전의 일이다.

22_ 펠리체 아쿠아디아(Felice Acquadia: 1635~1695)는 캄파냐 출신으로서 당시 법학의 수많은 강좌를 담당하고 있었고, 비코가 청강할 당시에는 교회법을 강의했다.

우스[23]가 시민법에 관한 한 최고의 저자였다는 자신의 견해를 설파하고 있었다. 비코의 머릿속에 새겨진 그 견해는 그가 자신의 연구에 있어 좀더 나은 순서를 정해 더 큰 진전을 꾀하는 데에 중요한 계기가 되었다. 왜냐하면 훗날 다음과 같은 일이 일어났기 때문이다. 아버지는 비코가 법학을 전공하도록 설득한 뒤 그를 프란체스코 베르데[24]에게 보냈다. 그가 가까운 곳에 있기도 했지만, 강의의 명성이 높아서였다. 그러나 비코는 그와 함께 지낸 두 달 동안 대단히 사소한 판례들만 나열하는 강의를 들었을 뿐이었다. 이미 형이상학을 통해 보편적인 정신을 형성하기 시작했고, 공리나 격률을 통해 개별적 사실들에 대한 논리를 세울 줄 알았던 이 젊은이는 그러한 강의에서 판례들을 구분하는 원리를 찾을 수 없었다. 그리하여 그는 아버지에게 베르데에게서는 아무것도 배울 것이 없으니 더이상 그를 찾아가지 않겠다고 말했다. 대신에 아쿠아디아의 가르침을 떠올리며 헤르만 불테이우스의 책 한 권[25]을 니

23_ 헤르만 불테이우스(Hermann Vulteius: 1565~1634)는 독일의 법학자로, 『유스티니아누스의 「법률학 강요」에 대한 주석*In Institutiones iuris civilis a Justiniano compositas commentarius*』(1590)의 저자이다.

24_ 프란체스코 베르데(Francesco Verde: 1631~1706)는 법을 가르치던 사설 학교를 운영하고 있었다. 그 학교는 학생들로 붐볐다고 한다.

25_ Ⅰ-주23)을 참고할 것.

비코를 매료시켰던 헤르만 불테이우스의 저서 『유스티니아누스의 「법률학 강요」에 대한 주석』.

콜로 마리아 잔네타소[26]라는 박사한테서 빌려다달라고 간청했다. 그는 법정에서는 그다지 눈에 띄지 않았지만 법학에 능통하여 오래전부터 수준 높은 법학 서적들로 서재를 채운 사람이었다. 무엇보다도 그 책만 있으면 시민법을 독학으로 배울 수 있을 것 같다고 비코는 아버지에게 말했던 것이다. 강의를 잘한다는 베르데에 대한 세간의 평판에 혹해 있던 아버지는 크게 당황했다. 그렇지만 그는 신중한 사람이었고, 아들의 청을 기꺼이 받아들여 니콜로 마리아에게 그것을 부탁했다. 당

26_ 비코는 그의 이름을 "잔나타소"라고 기록하였으나 올바른 이름은 "잔네타소"이다. 니콜로 마리아 잔네타소(Nicolo Maria Giannetasio: 1648~1715)는 제수이트회에 소속된 시인으로서 비코 아버지의 친구였다.

시 불테이우스의 책은 나폴리에서 구하기 힘들었는데, 아버지는 언젠가 서점의 주인으로서 니콜로 마리아에게 한 권을 구해주었던 것을 기억하고 그 책 얘기를 꺼냈던 것이다. 니콜로 마리아는 그 책을 찾는 이유를 아들로부터 직접 듣고 싶어했다. 그러자 그 아들은 베르데의 수업은 단순 암기력만 강조할 뿐, 지성은 쓸 일이 없었다고 대답했다. 자신의 연령을 넘어서는 판단과 양식에 적잖이 만족한 이 선량하고 현명한 사람은 아버지에게 이 아이는 분명 성공할 거라고 확신하면서 불테이우스의 책뿐 아니라 교회법에 대해 저술한 작가들 중 가장 탁월하다고 보았던 헨리쿠스 카니시우스의 『교회법 강요』까지도 그 젊은이의 손에 들려주었다.[27] 이렇듯 아쿠아디아의 지혜로운 말과 니콜로 마리아의 자상한 행동은 법의 올바른 두 길로 비코를 인도하였다.[28]

그는 특히 종종 시민법의 좋은 문구들을 되뇌어보면서 두 가지 일을 대단히 즐겨 했다. 첫째는 명석한 해석자들이 법을 요약하면서 법학자들과 황제들이 공정한 재판을 위해 행했던 형평성과 관련하여 개별적으로 고려한 사항을 어떻게 일반적

27_ 헨리쿠스 카니시우스(Henricus Canisius: 1562~1610)는 네덜란드의 법률학자이자 역사가로 『교회법 강요*Summa iuris canonici in quator institutionum libros contracta*』(1625)를 썼다.

28_ "법의 두 길"은 시민법과 교회법을 가리킨다.

인 격률로 추출해내는가 하는 것을 살펴보는 것이었다. 이것은 비코로 하여금 고대의 해석자들에게 이끌리도록 만들었는데, 훗날 그는 이들이 자연적 형평성의 철학자라고 인식하고 판단하게 되었다. 둘째는 법학자들 스스로가 얼마나 공을 들여 자신들이 해석하던 법과 의회의 포고령과 집정관의 칙령의 언어를 검토했는지를 살펴보는 것이었다. 이것은 그로 하여금 박식한 해석자들을 향하게 만들었는데, 훗날 그들을 로마의 시민법을 다루는 순수한 역사가로 인식하고 평가하게 되었다. 그 두 가지의 즐거움은 각기 징표였다. 하나는 보편법의 원리를 탐구하기 위해 그가 쏟아부은 온갖 노력의 징표요, 다른 하나는 라틴어의 연구로부터 얻은 혜택의 징표였던 것이다. 특히 그것은 로마 법학의 관용 어구에 대한 연구로부터 얻은 혜택을 말하는데, 거기에서 가장 어려운 부분은 법의 용어를 어떻게 정의할지를 아는 일이었다.

시민법과 교회법의 조문에서 보이는 제도들을 연구한 그는 5년[29] 동안의 법학 수련 기간 동안 배워야 한다는 "자료"라는 것에 대해서는 전혀 개의치 않고 법정에 입회할 수 있는 자격을 신청하기로 결심했다. 상당히 성실한 의원으로서 비코 집

29_ 나폴리 대학의 법학 과정은 오늘날의 4년과 달리 당시에는 5년이었다.

안의 후견인이었던 카를로 안토니오 데 로사[30]가 대단히 정직한 변호사인 파브리지오 델 베키오의 재판 과정에 참석해 배울 수 있도록 주선해주었는데, 파브리지오는 훗날 극심한 곤궁 속에 삶을 마쳤다. 그러한 재판 과정을 더 잘 익히도록 하려는 것이었는지 얼마 뒤 운명은 제로니모 아쿠아비바가 주재하는 신성 왕립 평의회에 그의 아버지에게 제기된 재판을 배당했다. 당시 열여섯이었던[31] 비코가 아버지의 변론을 맡아 앞서 말한 파브리지오 델 베키오를 도와 승소했다. 그 뒤 이 변론으로 말미암아 비코는 학식 높은 법학자로서 순회 재판소의 위원이었던 피에르 안토니오 차바리[32]에게 칭찬을 받았고, 법정을 떠날 때는 재판에서 상대방이었던 연로한 법률가 프란체스코 안토니오 아퀼란테의 축하를 받았다.

그 뒤 수많은 비슷한 사례를 통해 그는 학문의 어떤 분야에서 잘 출발할 수 있는 사람들이 다른 분야에서는 모든 부분에서 일관적인 종합적 지식의 결여 때문에 제대로 된 안내

30_ 안토니오 데 로사(Antonio de Rosa: 1638~1717)는 1684년부터 "신성 왕립 평의회"의 위원이었다. I- 주15)를 참고할 것.

31_ 이 재판은 1686년에 열렸으니 당시 비코의 나이는 열여섯이 아니라 열여덟이었다.

32_ 피에르 안토니오 차바리(Pier Antonio Ciavarri)는 본디 에스파냐 출신으로서 다음 저서의 저자이다. *Didascalia multiplex veteris, mediae, et infimae iurisprudentiae.*

를 받지 못한 채 얼마나 참담한 과오 속에서 헤매고 있는지를 쉽게 깨달을 수 있었다. 실로 그는 속屬을 통해 이해하려 하고 그 내부의 종種을 통해 상세하게 이루어지는 정확한 구분을 통해 궁극적인 차이를 인식하는 형이상학의 정신을 이미 소유하고 있었지만, 그럼에도 변덕과 기만 속에서만 즐거움을 찾는 현대시의 타락한 방식에 탐닉했다.[33] 그 방식은 다음에 의해 확인된다. 어느 날 비코는 엄청나게 박식하며 그 당시 거의 모든 곳에서 쇠락하고 있었던 신에 관한 설교로 명성을 얻었던 제수이트회 소속의 자코모 루브라노 신부를 방문했다. 그는 신부에게 자신이 시에서 진척을 이루고 있는지 물으면서 장미에 대해 쓴 칸조네를 다듬어달라고 부탁했다. 너그럽고 온화한 성품의 그 신부는 상당히 연배가 높고 설교자로서 상당한 명성을 얻고 있었음에도 대단히 만족해하며, 똑같은 주제로 자신이 썼던 어떤 목가시도 이것과 견줄 만하지 못하다고 거듭 말했다.[34] 그러나 비코는 기지가 넘치는 작품에 창의력을 발휘해보기 위해 그런 유의 시를 써봤을 뿐이다. 시는 청취자의 당연한 기대를 놀랍게 만들기 위해 허황한 기만을 제

33_ 17세기의 끝자락에 나폴리에서 유행했던 후기 바로크양식의 시를 가리킨다.
34_ 자코모 루브라노(Giacomo Lubrano: 1631~1693)가 쓴 장미에 대한 시는 다음에 실려 있다. *Scintille poetiche e poesie e morali*, 1690.

시해 즐거움을 제공한다. 따라서 그것은 신중하고 엄격한 정신의 소유자에게는 즐겁지 못한 반면, 아직 유약하기만 한 젊은이들의 정신에는 그만한 즐거움이 없다. 또한 실로 이런 종류의 즐거움은 형이상학을 공부하면서 지나치게 예민해지고 건조해져버린 젊은이에게는 거의 필수적인 일탈이었을 것이다. 이 시기의 젊은이라면 불같은 활력이 마비되고 고갈되지 않도록 창의력이 자유롭게 발휘되는 게 마땅하다. 남들은 나이 들어서나 얻는 판단력을 너무 일찍 얻어서 생긴 일이었지만, 그런 게 문제가 되지는 않았다.

II

바톨라 시기의
자기완성을 위한 공부

(1686~1695)

그사이 윤리적 고뇌 속에서 비코의 파리한 얼굴은 더욱 수척해졌고, 가족의 재산도 크게 쪼그라들었다. 그러면서도 그는 자신의 연구를 계속하기 위해 무척이나 휴식을 갈망했고, 그의 정신은 법정의 소란함을 몹시 혐오하기에 이르렀다. 마침 그때 한 서점[1]에서 이스키아의 주교이자 그 자신의 저작이 증명하듯 뛰어난 법학자이기도 했던 제로니모 로카[2]와 법학을 가르치는 좋은 방법에 대해 대화를 나누게 되었다. 주교는 그와의 대화가 꽤나 흡족했는지 경관 좋고 공기까지 완벽한 칠렌토[3]의 성에 있는 조카들의 가정교사를 해보지 않겠느냐고

1_ 이 서점은 안토니오 비코의 동업자로서 이웃 친구인 잠바티스타 파치(Giambattista Paci)가 운영하던 것이었다.

2_ 제로니모 로카(Geronimo Rocca: 1623~1691)는 1672년부터 이스키아(Ischia)의 주교였는데 1686년에는 병을 치료하기 위해 나폴리에 있었다.

3_ 칠렌토(Cilento)는 이탈리아 남부의 캄파냐에 있는 지역으로서, 비코는 그곳에서도 벽지에 속했던 바톨라(Vatolla)에 있던 성에서 기거하게 되었다. 비코가

권유했다. 그 성은 주교의 동생인 도메니코 로카[4]의 소유였는데, 그는 대단히 관대한 후원자로서 비코와 시적 취향이 같았다. 그는 비코를 모든 면에서 친아들처럼 대하겠다고 했고, 실제로도 그렇게 대했다. 이 지역의 좋은 공기는 곧 그의 건강을 회복시켜주었고, 그는 공부하기에 적합한 온갖 여유를 누릴 수 있었다.

그렇게 그곳에서 9년을 머무는 동안[5] 그는 자신의 할 일이 그거라는 듯 시민법과 교회법의 연구를 심화시키며 공부에 큰 진척을 이루었다. 교회법에서 교리에 대한 연구로 방향을 튼 것에 힘입어 그는 어느덧 은총에 대해 기술한 가톨릭 교리의 한가운데에 들어와 있음을 알게 되었다. 그것은 특별히 소르본의 신학자 리카르두스[6]의 책을 정독함으로써 일어난 일

거주하던 방은 아직도 보존되어 있고, 1999년부터 이곳에 "잠바티스타 비코 재단"이 설립되어 비코 박물관을 건립하였을 뿐 아니라 비코를 더욱 널리 알리기 위한 많은 행사를 주관하고 있다.

4_ 도메니코 로카(Domenico Rocca: 1641~1699)는 바로크 형식의 시를 좋아했을 뿐 아니라 행정가로서도 유능했다.

5_ 바톨라의 생활이 끝난 것은 1695년 여름이나 가을이었다. 로카 가족과 함께 머물렀던 비코의 바톨라 시기에 대해서는 다음을 참고할 것. H. P. Adams, *The Life and Writings of Giambattista Vico*, (London: George Allen & Unwin, 1935), pp. 27~44.

6_ 프랑스의 제수이트회 수도사 에티엔 데샹(Étienne Deschamps: 1613~1701)을 가리킨다. 그는 안토니우스 리카르두스라는 필명으로 『자유의지에 관한 논쟁*Disputatio de libero arbitrio*』(1645)과 『얀센주의 이단으로부터 쫓겨난 사도까지*De haeresi ianseniana ab apostolica Sede proscripta*』(1654)를 저

비코는 9년 동안 바톨라 성에 머물며 학문 정진에 필요한 최적의 시간을 보냈다. 그 성의 벽에는 당시 비코가 머물렀다는 패석이 남아 있다.

이었다. 다행스럽게도 그는 아버지의 서점에서 그 책을 챙겨갔던 것이다. 리카르두스는 기하학적 방법을 사용하여 성아우구스티누스의 교리가 캘빈[7]과 펠라기우스라는 두 극단은 물론 그 두 극단을 따르는 다른 견해들의 정중앙에 위치하고 있음을 보이려 했다.[8] 이것은 그로 하여금 민족들의 자연법의 원리에 대해 숙고하도록 만들었는데, 그것은 로마법의 기원은 물론 다른 모든 민족들의 시민법을 역사적 관점에서 설명하려는 시도에 발판이 되어주었으며, 도덕철학과 관련된 은총에 대한 올바른 교리와도 부합하는 것이었다. 동시에 로마의 법학자들이 우아한 라틴어를 사용하지 않았다고 비난한 로렌조 발라[9]는 키케로로부터 시작하여 라틴어 능력을 배양하도록 이끌었다.

술했다.

7_ 국립국어원에서는 프랑스 사람이라는 이유로 그의 이름을 "칼뱅"이라고 표기해야 한다고 정했다. 그러나 본디 그의 프랑스어 이름은 "장 코뱅"이고 그것을 라틴어화한 이름이 "요한네스 칼비누스"이며 그것을 다시 영어화한 이름이 "존 캘빈"이다. 따라서 영어화한 이름을 다시 프랑스어로 읽어야 할 정당한 이유는 없다.

8_ 캘빈은 인간의 구원에 있어서 자유의지의 역할을 완전히 부정하고, 인간은 단지 신이 이미 결정해놓은 은총에 의해서만 구원을 받는다고 주장하였다. 반면 4세기 말과 5세기 초에 활동했던 수도사 펠라기우스는 구원에 있어서 인간 자유의지의 역할을 강조했다.

9_ 르네상스시대의 대표적인 인문학자 로렌조 발라(Lorenzo Valla: 1406~1457)의 『라틴어의 우아함에 관하여*De elegantia linguae latinae*』에 이 내용이 들어 있다.

그렇지만 여전히 시에 경도되어 있던 그는 운 좋게도 성에 있는 작은 형제 수도회의 도서관[10]에서 책 한 권을 손에 넣게 되었다. 잘 기억나지 않지만, 그 책의 말미에는 성姓이 마사이고 참사회 위원급에 속하는 재능 있는 인물이 쓴 경구에 대한 비판 또는 옹호가 실려 있었다. 그 책은 특히 베르길리우스의 시에 나타난 여러 가지 경이로운 운율에 대해 논하고 있다는 점에서 그의 눈길을 끌었다. 그는 거기에 대단히 매료된 나머지 라틴 시의 제왕에서부터 시작하여 시인들을 연구하는 데 몰두했다. 그 뒤 비코는 자신이 쓰는 현대시의 방식에 불만을 품기 시작했고[11] 산문의 보카초, 시의 단테, 페트라르카라는 토스카나어의 제왕들을 연구함으로써 토스카나어를 배양하는 데 집중했다. 그는 날마다 번갈아가며 키케로와 보카초, 베르길리우스와 단테, 호라티우스와 페트라르카의 시를 탐사하곤 했다. 그들의 차이를 분석해보고 싶다는 호기심 때문이었다. 그리하여 그 세 경우 모두 라틴어가 이탈리아어를

10_ 바톨라에 있는 산타마리아 델라 피에타(Santa Maria della Pietà) 프란체스코 수도원에 있는 도서관을 가리킨다. 프란체스코 수도회를 부르는 다른 말이 작은 형제 수도회이다.

11_ 파우스토 니콜리니는 비코로 하여금 페트라르카와 14~16세기의 순수문학으로 관심을 돌리게 만든 것은 오늘날 신원도 확인되지 않는 참사회 위원 마사(Massa)가 아니라 리오나르도 디 카푸아(Lionardo di Capua: 1617~1695)의 지속적인 영향 때문이었다고 주장한다. Vico, *Opere*, I, p. 13, n. 4.

앞선다는 것을 알았다. 그것은 그 교양 높은 작가들을 다음의 순서에 따라 세 번씩 읽음으로써 가능했다. 첫째, 작품 전체의 통일성을 파악하며 읽는다. 둘째, 사물의 변화와 전후 관계를 따져가며 읽는다. 셋째, 평범한 발췌본이나 어휘집을 참고하지 않고 책 자체만으로 사고와 표현의 훌륭한 전환을 꾀하기 위해 대단히 세심하게 읽는다. 그는 이렇게 읽음으로써 그 책의 문구들이 적재적소에 활용될 수 있으리라 판단했다. 그런 방식으로서만 비로소 사고와 표현이 효과를 발휘하게 되는 것이었다.

그 뒤 호라티우스의 『시론』에서 시적인 암시의 가장 풍요로운 원천은 도덕철학자들의 글 속에서 찾을 수 있다고 보고 사회 제도의 다양한 원리의 전거로서 빈번하게 언급되는 아리스토텔레스부터 고대 그리스의 윤리학에까지 진지하게 몰두하기 시작했다. 또한 이 과정에서 그는 로마법이 형평성에 관한 예술임을 확인하게 되었다. 그것은 법학자들이 법의 근거와 입법자들의 의도에서 추출한 수많은 자연법에 관한 특정 교훈들을 통해 가르칠 수 있는 것이다. 그러나 도덕철학자들이 가르치는 정의에 대한 학문은 몇 개의 영원한 진리로부터 나오는 것인데, 그것은 이상적인 정의에 의해 형이상학에서 명해지는 것으로서 도시의 건설에서는 건축가의 역할을 하며 교환과 분배에 관한 두 개의 특수한 정의를 규정한다. 그 두 가지 정의는 수학에서 논증하는 두 가지 균형인 산술적 평균과 기하학적 평균이라는 영원한 척도에 의해 유용성을 측정하는 신성한 장인인 것이다. 그리하여 그는 법학이라는 학문은 사람들이 공통적으로 고찰하는 연구의 방법을 통해 절반 정도는 이해할 수 있다는 걸 알게 되었다. 그러고 나서 그는 또다시 형이상학의 연구로 돌아가게 되었지만, 이번에는 수아레스에게서 배웠던 아리스토텔레스의 형이상학이 아니라 플라톤의 형이상학으로 향했던 것이다. 그것은 신성한 철학자들의 제왕이라는 플라톤의 명성에 인도된 까닭이었다. 그는 많은 진척을 이룬 다음에야 아리스토텔레스의 형이상학이 왜 자신의 윤리학 연구에 별 소용이 없었는지를 이해했다. 그것은 마치 그 형이상학이 아베로에스[12]에게 별로 유용하지 않았던 것과 마찬가지였는데, 그의 『주석註釋』은 아랍인들을 전보다 더 인간적으로 교화하지도 못했거니와 교양을 높여주지도 못했다. 아리스토텔레스의 형이상학은 궁극적으로 물리학

12_ 아베로에스(Averroes)는 아랍인들이 지배하던 안달루시아 지역의 철학자이자 법관이었던 이븐 루시드(Ibn Rushid: 1126~1198)의 라틴어 이름이다. 그는 철학, 신학, 약학, 물리학, 천문학, 법학, 언어학 등 다양한 분야에 업적을 남겼지만 특히 아리스토텔레스의 저서에 주석을 붙인 것으로 유명하다. 그리하여 그는 서방에서 "주석자(註釋者)"라는 별명으로 알려져 있기도 하다.

의 원리에 도달하게 되는데, 그것은 특정 형상을 빚어내는 질료로 작용하며, 신은 자신의 외부에 있는 사물로 일을 하는 도자기공이 된다. 반면 플라톤의 형이상학은 궁극적으로 형이상학의 원리에 도달하게 되는데, 그것은 질료 그 자체로부터 빚어낸 영원한 관념으로서 마치 생산성의 영혼이 알을 만들어내는 것과 같다.[13] 이러한 형이상학에 부응하여 플라톤은 이상적인 또는 건축적인 덕성이나 정의 위에 하나의 도덕철학의 기반을 세웠다. 그 결과 그는 이상적인 국가에 대해 몰두할 수 있었고, 거기에 이상적인 정의인 법을 부여했던 것이다. 그리하여 아리스토텔레스의 형이상학으로는 도덕철학을 이해하기에 만족스럽지 못하다는 것을 깨닫고 플라톤의 형이상학으로부터 가르침을 받은 뒤부터는, 스스로도 알지도 못하는 사이에 비코에게는 섭리의 관념 또는 계획 속에서 모든 곳의 도시에서 준수되어야 하는 이상적인 영원한 법에 대해 숙고해야 한다는 생각, 즉 그 영원한 법 위에 언제나 모든 민족의 국가가 터전을 잡아야 한다는 관념이 깃들게 되었다. 이

13_ 확실히 이 단락은 물리적 세계와 영원한 세계를 구분시키는 플라톤의 대화편 『티마이오스』를 연상시킨다. 원래의 본문에서는 플라톤의 형이상학도 "물리학"의 원리에 도달하게 된다고 되어 있지만, 내용상 그것은 "형이상학"의 원리가 되어야 마땅하다. 니콜리니도 이것이 "물질의 원리"를 가리키는 것이 아님을 주석을 통해 밝히고 있다. Vico, *Opere*, I, p. 14, n. 6.

아리스토텔레스와 플라톤의 철학 작품들은 비코로 하여금 스토아학파와 에피쿠로스학파 모두의 도덕철학에 거의 관심을 두지 않도록 만들었다.

것이 플라톤 자신이 형이상학의 결과로서 숙고했어야 하는 이상국가였다. 그러나 그는 최초의 인간의 전락에 대해 알지 못했기에 그 일을 할 수 없었다.[14]

이와 동시에 문명사회에서 사람들을 잘 조정하기 위한 저작이었던 키케로와 아리스토텔레스와 플라톤의 철학 작품들은 비코로 하여금 스토아학파와 에피쿠로스학파 모두의 도덕철학에 거의 관심을 두지 않도록 만들었다. 왜냐하면 그 둘

14_ 비코의 플라톤주의로의 선회 또는 이탈리아 르네상스시대의 신플라톤주의로의 선회는 비코의 저작 『이탈리아인들의 가장 오래된 지혜*De antiquissima italorum sapientia*』가 출간된 1710년 무렵으로 알려져 있다. 따라서 이곳에 비코가 기술한 것은 실제보다 시기적으로 어느 정도 앞선 것으로 보인다.

모두가 고독자들의 도덕철학이었기 때문이다. 에피쿠로스학파는 자신들만의 작은 정원에 갇혀 있는 게으른 사람들이었고, 스토아학파는 어떤 감정도 느끼지 않으려고 하는 명상가들이었다. 또한 애초에 비코가 논리학에서 형이상학으로 건너뛴 것은 이후 그로 하여금 아리스토텔레스와 에피쿠로스, 마지막으로는 르네 데카르트의 물리학을 경시하도록 만들었다. 그 이래로 그는 플라톤이 따랐던 티마이오스의 물리학을 선호하는 경향을 보였는데, 세상이 수數로 만들어졌다는 주장에 수긍한 것이었다. 또한 그는 세상이 점点으로 구성되어 있다고 주장하는 스토아학파의 물리학도 경멸할 수 없게 되었는데, 그 둘 사이에 어떠한 실체적인 차이점도 존재하지 않기 때문이다. 실제로 그는 이후 자신의 저서 『이탈리아인들의 가장 오래된 지혜』에서 이러한 주장을 재확인했다. 궁극적으로 그는 에피쿠로스나 데카르트의 기계론적 물리학을 진지하게 받아들이지 않은 것은 물론, 장난삼아서도 인정하지 않았다. 왜냐하면 그 둘은 모두 그릇된 전제로부터 출발하기 때문이다.

그사이 비코는 플라톤처럼 아리스토텔레스도 철학에서 논하는 것을 증명하기 위해 종종 수학적 증명을 사용했다는 것을 고찰한 뒤 그 자신이 그들을 충실히 이해하기에 결함이 많다는 것을 알게 되었다. 그리하여 그는 기하학에 몰두하기로 결심한 뒤 에우클레이데스의 다섯번째 정리까지 진전을 이룰 수 있었다.[15] 요컨대 이 정리가 삼각형의 변과 안각이 그에 상응하는 삼각형의 변과 안각과 동일해야 한다는 삼각형의 합동 개념에 의존한다는 데에 생각이 미친 그는 특정의 기하학적 양量을 이해하는 것보다는 그러한 세부적 사실들을 마치 형이상학적 속屬인 것처럼 함께 파악하는 것이 더 쉬운 일임을 알게 되었다. 또한 그는 이미 형이상학에 의해 보편적인 생각에 익숙해진 정신으로 세부적 지식에 적합한 연구를 하는 것은 쉽지 않다는 것을 어렵사리 알게 된 터여서, 자신의 정신을 속박하고 제한시키는 그 연구를 포기하고 속의 무한한 세계로 파고드는 형이상학의 연구에만 몰두했다. 또한 연설가들과 역사가들과 시인들의 글을 자주 읽으면서 그의 지성은 가장 동떨어진 문제들까지도 공통적인 관계 속에 엮어내는 고리를 찾는 데서 큰 즐거움을 찾았다. 그 고리야말로 미묘한 사실들을 즐거운 것으로 만드는 웅변의 아름다운 장치인 것이다.

고대인들이 기하학 연구가 어린이들에게 적절하다고 평가하

15_ 그러나 이것은 '에우클레이데스의 정리'가 아니라 4세기 그리스의 수학자 알렉산드리아의 '파포스의 정리'였다.

고 그 유연한 시절에 적합한 논리라고 판단한 데에는 근거가 있다. 어린이들은 개별적인 사실을 잘 이해하고 그 순서를 쉽게 정하는 반면, 사물의 속屬을 이해하는 데는 어려움을 겪는다. 아리스토텔레스 자신은 기하학의 원리를 활용해 삼단논법을 유추해냈다. 하지만 어린이들은 기억력과 상상력과 창의력을 단련시키는 데 적합한 주제인 언어와 역사와 기하학을 배워야 한다고 말함으로써 이러한 주장에 동의했던 것이다.16 그리하여 우리는 오늘날 실행되고 있는 두 가지의 사악한 연구방법의 관례를 살펴봄으로써 젊은이들이 어떤 환경에서 어떤 곤란함을 느끼며 살아가는지를 헤아려볼 수 있을 것이다.

첫번째 관례는 이른바 "아르노의 논리"17라는 명목으로 어린이들을 문법학교를 나오자마자 철학에 입문시키는 것인데, 그

16_ 아리스토텔레스는 『정치학』 제7권에서 어린이들이 체육과 음악 교육을 받아야 할 필요성에 대해서 논했다. 기하학 교육을 거론하였던 자는 오히려 플라톤이었다. 아리스토텔레스, 『정치학』, 김재홍 옮김, 도서출판 길, 2017. 특히 제7권의 16~17장을 참고할 것.

17_ 앙투안 아르노(Antoine Arnauld: 1612~1694)는 17세기 유럽의 지식인으로서 피에르 니콜(Pierre Nicole: 1625~1695), 블레즈 파스칼(Blaise Pascal: 1623~1662)과 함께 『생각의 기술*L'art de penser*』이라는 책을 냈고, 이른바 "포르루아얄" 학파를 만들었다. 그들이 채택하였던 방식을 "아르노의 논리"라고 부르기도 한다. 앙투안 아르노는 데카르트, 라이프니츠, 말브랑슈 등과 교신을 나누었고, 특히 데카르트를 무비판적으로 받아들인 추종자로 알려져 있다.

것이 민중18의 상식과는 거리가 먼, 고급한 학문의 난해한 자료에 대한 엄격한 잣대의 영향이라는 것이다. 그 결과 예컨대 언어의 연구를 통해 기억술을, 시인과 역사가와 웅변가의 독서를 통해 상상력을, 선형 기하학을 통해 인지력을 조정하고 계발하듯 개별적인 기예를 통해 발전되어야 할 어린이들의 정신적 재능이 붕괴되기에 이르렀다. 선형 기하학은 어떤 의미에서 작은 요소들로 이루어진 큰 숫자처럼 기억력을 즉시 강화시켜 주는 그림과 같은 것이다. 가장 섬세한 선으로 묘사된 수많은 그림들과 마찬가지로 상상력을 정제시키며, 그 숫자를 셈으로써 그들 사이에서 그 크기를 증명하는 데 필요한 것들을 수집하는 능력을 촉진시킨다. 이 모든 것은 성숙한 판단의 시기가 오면 웅변적이고 생생하며 예리한 지혜 속에서 결실을 맺도록 하기 위함이다. 그러나 그러한 [아르노의] 논리에 따라 어린이들이 너무 일찍 비판의 세계에 입문하게 된다면, 다시 말해 먼저 감지하고 그다음에 판단하고 마지막으로 논리를 펴게 되는 인간의 자연스러운 사고 과정을 무시한 채 제대로 감지하기도 전에 판단부터 하게 된다면, 그들의 표현력은 건조해질 것이며,

18_ 원어는 "volgare". 일반적으로 영어에서는 "vulgar"라고 옮기며 따라서 "통속적"이라는 말로 옮기는 경우가 흔하다. 그렇지만 그 어원을 따라가면 "민중"이 나온다. 독일어의 "Volk"와 어원이 같다고 생각하면 이해하기 쉬울 것이다.

아무것도 하지 않으면서 어떤 일에든지 판단부터 내리게 될 것이다. 반면 감지하는 시기인 어린 시절에 (비코가 어린 시절 키케로로부터 자극을 받았듯) 창의력의 특권이라 할 수 있는 발견의 기술인 토피카[19]에 몰두한다면 훗날 건전한 판단을 형성하기 위한 질료를 얻을 수 있게 되는 것이다. 왜냐하면 사물에 대한 모든 지식을 알지 못하면 건전한 판단을 할 수 없고, 토피카란 사물 내부에 있는 그 어떤 것이라도 발견하게 만들어주는 기술이기 때문이다. 그렇게 인간의 본성 자체는 어린이들이 철학자 또는 좋은 연설가가 되도록 도와준다.

두번째 관례는 대수학의 방법을 사용하여 크기에 대한 학문의 요소를 가르치려 하는 것이다. 그것은 어린이들의 가장 활력적인 본성을 마비시킨다. 또 상상력을 위축시키고 기억력을 약화시키며 창의력을 나태하게 만들고 이해력을 느슨하게 만든다. 이 네 가지는 최고의 인간성을 배양하기 위해 반드시 필요하다. 상상력은 회화와 조각과 건축과 음악과 시와 웅변을 위해 필요하다. 기억력은 언어와 역사에 능통해지기 위해 필요하다. 창의력은 창작을 위해 필요하다. 이해력은 사리 분별을

19_ 토피카란 다루어야 할 주제나 논제를 선별하는 작업을 말한다. 비코는 『새로운 학문』에서도 감지하는 즉 감각적으로 인식하는 시기인 어린 시절에 토피카를 먼저 증진시켜야 한다고 주장한다. 잠바티스타 비코, 『새로운 학문』, 조한욱 옮김, 아카넷, 2019, 장절 495~498.

위해 필요하다. 그런데 대수학은 크기에 대한 자연적 기호를 자의적인 기호로 환원시키기 위한 아랍인들의 장치인 것처럼 보인다. 그리스인들과 라틴인들 사이에서 숫자를 위한 기호는 문자였고, 그 두 문자 모두 최소한 대문자는 기하학적인 선으로 이루어져 있었는데, 아랍인들은 그것을 10개의 작은 기호로 환원시켰다. 그리하여 대수학과 함께 창의력은 타격을 받았는데, 왜냐하면 대수학은 발 앞에 놓여 있는 것만을 보기 때문이다. 기억력은 뒤죽박죽이 되었는데, 대수학은 두번째 기호가 발견되면 첫번째 기호에는 더이상 관심을 두기 않기 때문이다. 상상력은 압도되었는데, 대수학은 아무것도 상상하지 않기 때문이다. 이해력은 파괴되었는데, 대수학은 예언을 한다고 공언하기 때문이다. 그리하여 대수학에 지나치게 많은 시간을 쏟아붓는 젊은이는 후에 실망하고 후회하게 되고, 사회생활에도 잘 적응하지 못하게 됨을 알게 될 것이다. 따라서 대수학이 어떤 유용성이라도 제공하고 이러한 나쁜 결과를 초래하지 않도록 하려면, 어린이들이 수학을 배우는 과정에서 마지막에 단기간에만 가르쳐야 하며, 로마인들이 숫자를 사용하는 것처럼 활용되어야 한다. 왜냐하면 방대한 숫자의 경우 그들은 점으로 표현하기 때문이다. 그와 비슷하게 인간의 이해력에 요구되는 크기를 찾기 위해 종합적 방법을 통해 처절하게 노력해야 하는 곳에서 우리는 분석의 신탁으로 달려가야 한다. 이런 종류의 〔분석〕 방법이 좋은 논리에 속하는 것이라면 형이상학적 분석을 통해 그런 습관을 기르는 것이 가장 좋을 것이다. 모든 문제는 존재의 무한성 속에서 답을 찾아야 하기 때문이다. 그 뒤 실체의 속屬을 통해 점차적으로 내려오면서 속 속의 모든 종들에 대해 통용되지 않는 것들을 제거함으로써 마침내 알고자 하는 사물의 본질을 구성하는 궁극적인 차이를 깨닫게 되는 것이다.[20]

이제 다시 우리의 주제로 돌아가자. 비코는 기하학적 방법의 모든 비밀이 다음에 포함되어 있음을 알았다. 하나는 논해야 하는 대상의 용어에 정의를 내리는 것이다. 다른 하나는 함께 논의하는 사람들의 동의를 얻을 수 있는 어떤 공동적인 격률을 확립시키는 것이다. 마지막으로 필요에 따라 논의의 근거를 제공하기 위하여 사물의 본질이 허용할 수 있는 유보조건을 신중하게 요구하는 것인데, 그것이 전제되지 않는 한 결

20_ 이 부분은 자서전의 전개 과정과 무관하게 자서전 내용에 대한 이해를 돕기 위해 비코의 연례 강좌를 삽입시킨 것이다. 그것은 웅변을 위해 젊은이들이 어떤 학문을 선택하고 어떻게 사용해야 하는지에 대해 조언을 하려던 강좌였다. 비코는 이 부분을 "상당히 긴 일탈"이라고 부르곤 했는데, 대학교의 취임 연설로서 오늘날에는 전해지지 않는다.

론에 도달할 수 없기 때문이다. 또한 이러한 원리와 함께 단순한 진리로부터 더 복합적인 진리로 단계별로 논증을 향해 나아가고, 복합적인 진리를 구성하는 부분들에 대해서 먼저 개별적으로 검토하지 않는 한 그것을 받아들이지 않는 것이다. 그는 기하학자들이 그들의 논리를 어떻게 전개시키는지 알게 된 것의 유일한 효용성은 언제 그 스스로가 그런 방식으로 논리를 펼쳐야 할 필요가 있는지 깨닫게 된 거라고 생각했다. 실제로 그는 훗날 『보편법의 한 가지 원리에 대하여』라는 저작에서 그 방법을 밀접하게 따랐는데,[21] 그것은 장 르클레르크[22]의 판단에 따르면 "엄격한 수학적 방법을 따라 작성된 것"으로서 이에 대해서는 뒤에 적절한 곳에서 다시 언급할 것이다.

이제 비코가 철학에서 이룬 진척을 순서대로 알아보기 위해 우리는 여기서 어느 정도 앞으로 거슬러올라가야 한다. 그가 나폴리를 떠날 무렵에는[23] 피에르 가상디[24]의 해석에 따

21_ 그것은 스피노자가 『윤리학』에서 사용한 것과 같은 방법으로, 비코는 『보편법의 한 가지 원리와 그 목적에 대하여*De universi iuris uno principio et fine uno*』(1720)에서 공리와 정리와 추론을 사용하는 기하학의 방법을 적용했다는 것이다. 이 방법은 비코의 『새로운 학문』에도 어느 정도 적용되었다고 말할 수 있다.

22_ 장 르클레르크(Jean Le Clerc: 1657~1736)는 제네바 출신의 신학자이자 성서학자였다. 그는 두 개의 서평에서 비코를 언급했다.

23_ 1686년을 가리킨다.

24_ 피에르 가상디(Pierre Gassendi: 1592~1655)는 프랑스의 성직자이자 철학자이자 수학자로서 천문학자이기도 했다. 달 표면의 "가상디 분화구"는 그의 이

른 에피쿠로스의 철학이 배양되고 있었다. 2년 뒤에는 이 젊은이가 당시의 유행에 휩쓸려 거기에 몰두하고 있다는 말이 돌았다. 루크레티우스[25]를 통해 에피쿠로스를 연구하려고 한다는 것이었다. 루크레티우스를 읽음으로써 그는 에피쿠로스에 대해 다음과 같은 것을 알게 되었다. 에피쿠로스는 정신이 육체라는 실체와 어떠한 종種의 차이도 없다고 주장했고, 따라서 정신은 건전한 형이상학이 결핍되어 제한된 채 남아 있는 것이어서 그는 자신의 철학의 출발점으로 이미 형성된 육체를 택할 수밖에 없었으며, 그 육체는 내부에 어떤 공백도 없이 더이상 나눌 수 없는 여러 부분들로 구성된 다양한 형태의 궁극적인 부분들로 이루어져 있다는 것이다.[26] 이것은 어린아이들의 위축된 정신과 아낙네의 유약한 정신이나 만족시킬 만한 철학이다. 비록 에피쿠로스는 기하학에 대해 어떤 지식도 없었지만 그는 잘 조정된 귀결의 연속[27]을 통해 기계론적 물리학 위에 존 로크와 비슷하게 감각만으로 이루어진 형

름을 딴 것이다. 그는 자유사상가라고 불리던 지식인들을 이끌던 사람으로서, 에피쿠로스의 원자론을 기독교와 절충시키려는 시도를 했다.

25_ 루크레티우스(Titus Lucretius Carus: 99?~55 BC?)는 고대 로마의 시인으로서 에피쿠로스의 철학에 바탕을 둔 서사시 『사물의 본성에 관하여*De rerum natura*』의 저자로 알려져 있다.

26_ "더이상 나눌 수 없는 부분"이란 '원자'로, "궁극적인 부분"이란 그 '원자'들로 구성된 '분자'로 파악하면 이해에 도움이 될 것이다.

27_ 연역법을 가리킨다.

비코는 에피쿠로스를 통해 오히려 플라톤의 가르침에 더욱 확신을 갖게 되었다.

이상학을 세웠고, 고독 속에서 살고 있는 사람에게 적합할 쾌락주의적 도덕도 세웠는데, 결과적으로 그것은 그가 그의 추종자들에게 공언하던 것이었다. 비코는 에피쿠로스에게 합당한 존경을 바치기 위해 육체적 본성의 형상에 대한 그의 설명을 기꺼이 따르면서도 그가 인간 정신의 작용을 설명하기 위해 수천 가지의 어리석은 부조리에 빠져들 필요성까지 느끼는 것을 보며 즐거워하는 만큼 조롱하기도 동정하기도 했다. 이것은 그에게 플라톤의 가르침을 더욱 굳건하게 확신할 큰 동기로 작용했을 뿐이다. 플라톤은 어떤 가설도 없이 인간 정신의 형상으로부터 우리가 자신에 대해 갖고 있는 지식과 인식에 근거해 모든 사물의 원리를 담은 영원한 관념을 확립시켰던 것이다. 즉 우리의 정신에는 우리가 놓칠 수도 부정할 수도 없는 영원한 진리가 있는데, 그런 것은 우리가 만들지 않았다는 것이다. 그렇지만 그 나머지에 대해서 우리는 육체에 의존하는 모든 것들을 사유함으로써 만들어낼 자유를 느끼게 된다. 즉 우리는 그것을 시간 속에서, 바꾸어 말하자면 우리가 그것에 관심을 둘 때 우리는 그 모든 것을 생각하고 우리의 내부에 포함시킴으로써 만들어내는 것이다. 예컨대 우리는 상상력으로 심상을 만들고, 기억력으로 회상을 만들며, 욕구로 감정을 만드는 것이다. 감각에 의해서 냄새와 맛과 색과 음과 감촉을 만들어내는 것이다. 그 모든 것들은 우리의 내부에 들어 있다. 그러나 우리가 만들지 않은 영원한 진리는 우리의 육체에 의존하지 않으며, 우리는 모든 사물의 원리로서 육체와는 완전히 분리된 영원한 관념을 상정해야만 한다. 그것은 그 자체의 인식 속에서 원할 때에는 모든 것을 시간 속에서 창출해냄으로써 그 모든 것을 내부에 포함하며 따라서 그 모든 것을 유지시킨다. 이러한 철학의 원리에 의해서 플라톤은 형이상학에서 추상적 실체가 구체적 실체보다 현실성을 갖는다는 주장을 확립시킬 수 있었다. 이러한 형이상학으로부터 그는 사회생활에 잘 적용될 수 있는 도덕을 이끌어냈고, 소크라테스학파와 그 후계자들은 평화 시에나 전쟁 시에 그리스의 기예에 가장 큰 빛을 던져주었다. 또한 그는 티마이오스의 물리학에도 박수를 보냈는데, 그것은 세계가 수로 구성되어 있다는 피타고라스의 물리학으로서, 자연의 사물에 대해 설명하기 위해 제논이 제시했던 형이상학적 점點보다 어느 정도 더 추상적인 것이었다. 비코는 자신의 『형이상학』[28]에서 그것을 논증했는데, 이에 대해서는 추후에 다시 논할 것이다.

그 뒤 얼마 지나지 않아 비코는 실험물리학의 명성이 커지고 있는 것을 알게 되었는데, 그와 관련해서는 누구든지 로버트 보일[29]의 이름을 외칠 정도였다. 그렇지만 비코는 실험물리학이 의학이나 약학에 도움이 되리라고 판단하긴 했지만 그것과는 거리를 두려고 했다. 왜냐하면 그것은 인간의 철학과 아무런 관련이 없으며 야만적인 방식[30]으로 설명을 했기 때문이다. 반면 그의 주요 관심사는 로마법에 대한 연구였고, 이를 위한 일차적인 토대는 인간 관습에 대한 철학과 로마의 법과 정치에 대한 지식이었는데, 그것은 단지 라틴어 작가들을 통해서만 획득할 수 있는 것이었다.

28_ 비코의 저서 『이탈리아인들의 가장 오래된 지혜』에서 형이상학을 다룬 제1권을 가리킨다.

29_ 로버트 보일(Robert Boyle: 1627~1691)은 아일랜드 출신의 물리학자이자 화학자였다. 기체에 가해지는 압력과 부피 사이의 반비례 관계를 밝힌 '보일의 법칙'으로 유명하다.

30_ 자연과학에서 유용하게 사용하는 화학적 공식이나 라틴어 용어를 가리키는 것으로 보인다.

거의 9년을 헤아리는 그 고독의 시기가 끝나갈 무렵, 비코는 르네 데카르트의 물리학이 과거 모든 물리학의 명성을 빛바래게 만들었다는 소식을 듣고 자세히 알아봐야겠다는 열망에 사로잡혔다. 그런데 고마운 사기술 덕분에 자신이 데카르트의 물리학을 이미 접한 적이 있음을 알게 되었다. 왜냐하면 그가 아버지의 서점에서 갖고 온 책들 중에 앙리 뒤 루아의 『자연철학』이 있었는데, 데카르트가 그의 가면을 쓰고 그 책을 위트레흐트에서 처음으로 출판하였기 때문이다.[31] 그는 루크레티우스의 뒤를 이어 뒤 루아를 연구했다. 뒤 루아는 의학 전공의 철학자였지만 수학 외에는 지식이 없는 사람이었다. 비코는 뒤 루아가 수학에 대해 조금도 알고 싶어하지 않던 에피쿠로스만큼이나 형이상학에 무지하다고 생각했다. 왜냐하면 그는 이미 형성된 육체라는 그릇된 전제 위에 본성의 원리를 설정하였기 때문이다. 그가 에피쿠로스와 다른 점은 에피쿠로스는 원자에서 육체 또는 물체가 더이상 분리되지 않는다고 멈췄던 반면, 뒤 루아가 말하는 세 가지 요인은 무한정

31_ 앙리 뒤 루아(Henri du Roy: 1598~1679)는 위트레흐트 의대 교수였다. 비코의 기록과 달리 그의 책의 제목은 『자연철학』이 아니라 『물리학의 기초 *Fundamenta physicae*』(1646)였다. 라틴어 명칭으로는 헨리쿠스 레기우스(Henricus Regius)였던 그는 그 책이 자신이 쓴 책이라고 주장했다. 어쨌든 그 책은 데카르트로부터 많은 부분을 표절했다고 알려져 있다.

으로 분리된다는 것이다. 또한 에피쿠로스는 운동이 공백 속에서 일어난다고 주장했지만, 뒤 루아는 운동이 충만함[32] 속에서 이루어진다고 보았다. 에피쿠로스가 자신의 무한한 세계가 원자의 중력과 무게에 기인하는 하강운동의 우연한 일탈로부터 형성되기 시작한다고 보았던 반면, 뒤 루아는 무수히 많은 소용돌이들이 비활성의 물체, 따라서 더이상 분리되지 않는 물체에 가해진 추진력으로부터 형성되기 시작했다고 보았다. 그 물체는 운동의 추진력이 가해지면 입자로 분해되며, 그 자체의 질량에 의해 방해를 받긴 해도 필히 직선으로 움직이려 한다. 충만함 속에서는 이것이 불가능하기 때문에 그 물체는 입자로 분해되었지만 그 입자들마다 중심의 주위로 회전을 시작한다. 그리하여 에피쿠로스가 자신의 원자의 우연한 일탈로 말미암아 세상은 우연에 맡겨지도록 허용했던 것이나, 데카르트가 말하는 최초의 입자가 필연적으로 직선운동을 해야만 했다는 주장은 비코로 하여금 그들의 체계가 세계를 운명에 종속시키려 하는 사람들에게나 받아들여질 수 있는 것처럼 보이게 만들었다.

32_ 원어는 "pieno". 우주가 에테르와 같은 물질로 가득 차 있다는 것이다. 우주 속에 진공과 같은 공백이 있는가 아니면 우주에는 공백이 없는가 하는 것은 과학혁명의 시대에 큰 논란을 불러일으킨 주제였다.

나폴리로 돌아온 뒤[33] 비코는 뒤 루아의 물리학이 실제로 데카르트의 물리학이라는 것을 알게 되어 데카르트의 『형이상학적 성찰』에 몰두하기 시작하면서 자신의 견해에 대해 즐거워했다. 왜냐하면 명예욕이 아주 강했던 데카르트는 한편으로는 에피쿠로스와 비슷하게 고안된 방식 위에 세워진 자신의 기계론적 물리학을 위트레흐트 대학교만큼 명성이 높은 유럽의 대학교의 강좌에서 최초로 제시함으로써 의학의 교수들 사이에서 두드러져 보이려고 했으며, 다른 한편으로는 플라톤의 방식으로 형이상학의 최초의 윤곽을 고안했기 때문이다. 데카르트는 플라톤으로부터 실체의 두 가지 속屬을 확립시키려 하였다. 그것은 육체를 플라톤의 "신"과 같은 비실체적인 동인에 종속한다는 것을 보이기 위하여 둘 중 하나를 연장시켜 다른 하나를 도출해내려 한 것이다. 그것은 아리스토텔레스의 형이상학이 11세기부터 도입되었던 수도원 속에서도 언젠가 플라톤의 형이상학이 지배하도록 만들기 위함이었다. 비록 그 철학자 데카르트의 형이상학이 이전에 불경한 아베로에스주의자들의 목적에 도움이 되었다 할지라도 그 기본적인 골조는 플라톤이었기 때문에 기독교는 쉽게 그 주인의 경건

33_ 잠시 고향에 들렀던 것을 말한다.

한 의도를 거기에 맞출 수 있었다. 그리하여 기독교가 처음부터 11세기에 이르기까지 플라톤의 형이상학과 함께 지배했던 것처럼 그 이후에는 아리스토텔레스의 형이상학과 함께 지배하였다. 실로 비코는 데카르트의 물리학이 가장 열렬하게 추종되던 당시에 나폴리로 귀향했던 것인데, 그는 비코를 상당히 애호하던 위대한 데카르트주의 철학자 그레고리오 칼로프레세[34]로부터 데카르트의 형이상학이 아리스토텔레스의 형이상학을 수도원으로부터 몰아내고야 말 것이라는 언급을 종종 듣곤 했다.

그러나 데카르트의 철학은 각 부분들의 통일성이라는 관점에서는 전혀 일관적인 체계가 아니었다. 왜냐하면 그의 물리학은 앞서 말했던 것처럼 필연성에 의해 작동하는 육체라는 단일한 종의 실체를 설정해야 하는데, 에피쿠로스가 요구했던 것처럼 그것은 우연에 의해 작동하는 육체라는 단일한 종의 실체와 마찬가지였기 때문이다. 데카르트와 에피쿠로스는 무한히 다양한 형상의 육체는 모두가 육체라는 실체의 변형에 불과한 것으로서 그 자체로서는 실체가 없다는 주장에서 일

34_ 그레고리오 칼로프레세(Gregorio Caloprese: 1650~1715)는 아르카디아 아카데미를 설립하였던 잔 빈첸조 그라비나(Gian Vincenzo Gravina: 1664~1718)의 사촌이었다. 칼로프레세에 대해서는 다음을 참고할 것. Raffaele Cotugno, *Gregorio Caloprese*, Trani, 1910.

플라톤의 방식으로 형이상학의 최초의 윤곽을 고안했던 데카르트.

치하였던 것이다. 게다가 데카르트의 형이상학은 기독교에 적합한 도덕철학을 산출해내지도 못했다. 그가 이 주제에 대해 썼던 몇 안 되는 글조차 그러한 도덕철학을 구성하지 못할뿐더러 『정념론』[35]이라는 그의 논문도 윤리학보다는 의학에 도움이 된다. 말브랑슈 신부[36]조차도 그의 형이상학에서 기독

35_ René Descartes, *Les passions de l'âme*, 1649.

36_ 니콜라 말브랑슈(Nicolas Malebranche: 1638~1715)는 오라토리오 수도회 소속의 성직자였다. 여기에서 비코는 말브랑슈 신부의 유명한 저서 『진리의 추구에 대하여*De la recherche de la vérité*』(1674~1675)의 내용을 말하고 있다. 그는 당시 대표적인 데카르트주의자로서 성아우구스티누스와 데카르트의 관점을 결합시키려 시도했다.

교 윤리의 체계를 세우지 못했으며, 파스칼의 『팡세』[37]는 흩어진 빛에 불과했다. 또한 데카르트 자신의 논리학조차 그의 형이상학에서 파생된 것이 아니었다. 왜냐하면 아르노[38]도 자신의 논리학을 아리스토텔레스의 형이상학 위에 세우려 시도했었기 때문이다. 더구나 그의 형이상학은 자신의 의학에도 도움이 되지 않았다. 왜냐하면 해부학자들조차 데카르트가 말하는 인간을 자연 속에서 찾을 수 없었기 때문이다. 결과적으로 데카르트의 철학 체계와 비교할 때 수학에 대해 아무것도 알지 못했던 에피쿠로스의 철학 체계가 훨씬 더 일관적이었던 것이다. 이러한 모든 이유에 주목한 비코는 곧 루크레티우스를 읽음으로써 스스로 플라톤 형이상학의 추종자가 되었고 또한 데카르트를 읽음으로써 그 사실을 확신하게 되었다는 데에 크게 고무되었다.

이러한 물리학은 비코에게 플라톤의 형이상학에 대한 진지한 명상으로부터 찾은 휴식이었던 것으로서, 시작詩作에 필요한 상상력의 폭을 넓히는 역할을 하였다. 그는 때때로 칸조네를 만들곤 했는데, 이탈리아어로 작곡을 하던 어렸을 때의 습관이 남아 있어서이긴 했지만, 그럼에도 그는 토스카나 최고

37_ Blaise Pascal, *Pensées*, 1670. Ⅱ-주16)을 참고할 것.
38_ Ⅱ-주17)을 참고할 것.

시인들의 안내를 받아가며 그 노래들에 빛나는 라틴어의 관념을 주입시키려 시도했다. 예컨대 대大 폼페이우스를 옹호하기 위한 키케로의 연설[39]에 삽입한 찬양의 시와 같은 것이 있는데, 그것은 라틴어에서는 연설로서는 그보다 더 장엄한 예를 찾을 수 없다고 일컬어지던 것이었다. 또한 비코는 페트라르카의 「세 자매」[40]를 모방하여 세 개의 칸초네로 나뉘는 하나의 찬양의 시를 지었다. 그것이 「바이에른의 선제후 막시밀리안을 찬양하며」인데 1709년 루카에서 인쇄된 리피의 『이탈리아 시인 선집』에 수록되어 있다. 1701년 나폴리에서 인쇄된 아캄포라의 『나폴리 시인 선집』에는 포폴리 공작 가문의 이폴리타 칸텔미[41]가 브루차노 공작으로서 이제는 로첼라 공인 빈첸조 카라파와 맺어지는 결혼에 부친 또하나의 칸조네가 있다. 이것은 카툴루스의 대단히 아름다운 시 「저녁별이 뜨면」[42]을 본떠 만든 것이었다. 훗날 비코는 그 이전에 이미 토

39_ Marcus Tullius Cicero, *Pro lege Manilia*. 기원전 66년 로마의 민회에서 폰투스 왕국의 미트리다테스 대왕과의 전쟁에서 대 폼페이우스가 장군이 되어야 한다는 호민관 가이우스 만리우스의 주장을 지지하기 위해 행했던 키케로의 연설이다.

40_ 이것은 페트라르카가 연모했던 라우라의 눈을 묘사한 세 개의 유명한 칸조네를 가리킨다.

41_ 상당히 지적이었던 여류 시인으로서 훗날 비코의 딸들의 대모가 되었다.

42_ Gaius Valerius Catullus, *Carmina*, LXII, "Vesper adest".

르콰토 타소[43]가 한 칸조네에서 비슷한 주제로 그 시를 모방했다는 것을 책에서 읽었다. 비코는 그 사실을 몰랐던 게 다행이라고 생각했다. 부분적으로는 위대한 시인 타소에 대한 존경심 때문이기도 했고, 만일 이전에 그런 일이 있었던 것을 알았더라면 그 노래를 지을 생각을 하지 않았을 것이며, 거기에서 어떤 즐거움도 찾지 못했을 테니 말이다. 그 밖에도 비코는 플라톤의 "위대한 해"[44]의 관념에 맞춰 또다른 칸조네를 만들었는데, 이에 대해서는 베르길리우스가 현학적인 목가시 「시칠리아의 뮤즈」[45]를 만든 바 있었다. 그것은 바이에른의 공작이 폴란드의 공주 테레사와 맺은 결혼에 바치는 축시로서 1723년 나폴리에서 인쇄된 알바노의 『나폴리 시인 선집』의 1권에 수록되어 있다.

43_ 토르콰토 타소(Torquato Tasso: 1544~1595)는 이탈리아의 시인으로서 1581년에 서사시 「해방된 예루살렘」을 지었다.

44_ 플라톤의 "위대한 해"란 『티마이오스』에서 묘사되고 있는 것으로서 천체의 모든 별들이 원래 시작했던 장소로 되돌아오는 해를 가리킨다.

45_ Publius Vergilius Maro, *Bucolica*, IV, "Sicelides musae".

III

나폴리로 귀환
: 초기 비코 철학의 형성

(1695~1707)

이러한 공부를 통해 학식을 쌓은 비코는 고향 나폴리에 이방인이 되어 돌아왔다. 그는 학식 있는 사람들 사이에서 데카르트의 물리학이 크게 칭송되고 있는 것을 알았다. 아리스토텔레스의 물리학은 스콜라학파에 의해 심하게 왜곡되기도 했기에 웃음거리의 대상이 된 지 오래였다. 16세기에 마르실리오 피치노,[1] 피코 델라 미란돌라,[2] 아고스티노 니포,[3] 아고스

1_ 마르실리오 피치노(Marsilio Ficino: 1433~1499)는 이탈리아 르네상스 초기의 학자이자 성직자였다. 그는 플라톤의 아카데미를 본떠 피렌체에 아카데미를 열었고, 그곳이 르네상스시대 신플라톤주의의 중심이 되었다.

2_ 조반니 피코 델라 미란돌라(Giovanni Pico della Mirandola: 1463~1494)는 르네상스시대의 학자로서 그의 저작 『인간의 존엄성에 관한 연설』은 르네상스의 매니페스토라고 불린다.

3_ 아고스티노 니포(Agostino Nifo: 1473~1538?)는 나폴리 출신의 철학자로서 아베로에스의 추종자였다가 정통 가톨릭으로 돌아섰다.

티노 스테우코,[4] 자코포 마초니,[5] 알레산드로 피콜로미니,[6] 마테오 아쿠아비바,[7] 프란체스코 파트리지[8] 등을 학자들 중 가장 높은 반열에 세웠고 시와 역사와 웅변에도 큰 역할을 했던 형이상학은 학식과 웅변이 풍미했던 시대의 그리스가 이탈리아에서 부활한 듯이 보이게 했지만, 이제는 수도원에 갇혀 있다는 평판이 더 어울릴 지경이 되었다.

플라톤의 경우엔 가끔 어떤 문장이 시에 인용되기도 했지만, 그것은 기억력을 과시하기 위한 것에 불과했다. 스콜라학파의 논리학은 비난을 받고 있었고, 이제 에우클레이데스의 『원론』이 그 권위를 물려받게 되었다.[9] 물리학 체계의 빈번한

4_ 아고스티노 스테우코(Agostino Steuco: 1497~1548)는 르네상스시대의 휴머니스트로서 특히 『구약성서』를 연구하는 학자였다.

5_ 자코포 마초니(Giacopo Mazzoni: 1548~1598)는 철학자로서 피사 대학교의 교수로 있으면서 갈릴레오의 친구였다. 단테의 『신곡』을 옹호한 글로도 유명하다.

6_ 알레산드로 피콜로미니(Alessandro Piccolomini: 1508~1579)는 시에나 출신의 철학자이자 천문학자였다. 달의 분화구 "피콜로미니"는 그의 이름에서 유래했다.

7_ 안드레아 마테오 아쿠아비바(Andrea Matteo Acquaviva: 1456~1528)는 귀족으로서 나폴리에서 문인들을 후원했다.

8_ 프란체스코 파트리지(Francesco Patrizi: 1529~1597)는 플라톤주의자로서 플라톤의 철학이 아리스토텔레스의 철학보다 기독교에 더 합치한다고 주장했다.

9_ 이러한 변화에 기여했던 인물이 토마소 코르넬리오(Tommaso Cornelio: 1614~1684)였다. 칼라브리아 지역의 로비토 출신인 그는 의사로서 철학자이자 수학자였다. 그는 이탈리아에 데카르트에 대한 지식을 전파한 인물로도 알려져 있다.

변혁 때문에 의학은 회의주의로 쇠퇴하였고, 의사들은 병의 본질과 관련된 진실을 알 수 없다는 불가지론의 태도를 보이면서 진단이나 효과적인 처방을 내리는 데에 판단을 유보하거나 동의를 보류했다. 수많은 의사를 양성했던 갈레노스의 의학은 이제 그 추종자들의 무지로 말미암아 크게 경멸당하기에 이르렀다. 아카데미에서 높은 명성을 구가하던 고대의 시민법 해석자들도 몰락하여 오늘날의 학자들이 그 자리를 채웠는데, 그것은 법정에 큰 손상을 입혔다. 오늘날의 학자들이 로마법을 비판하기 위해 필요한 것과 마찬가지로 고대의 시민법 해석자들도 형평의 문제에 의심스러운 사례가 있을 때 법적인 토피카를 위해 필요했다. 대단히 박식한 카를로 부라냐[10]는 시작詩作에 있어 칭찬받을 만한 방식을 새로이 도입했다. 그러나 그는 조반니 델라 카사[11]를 모방하면서 그것을 너무 엄격하게 제한시켜 그리스와 라틴의 원천으로부터 어떤 섬세한 것도 강인한 것도 이끌어내지 못했을 뿐 아니라 페트라르

10_ 카를로 부라냐(Carlo Buragna: 1632?~1679)는 철학과 과학에 업적을 남긴 이탈리아의 문인으로서 젊은 시절을 나폴리에서 보냈다. 플라톤의 『티마이오스』에 대한 주석서를 남긴 그는 아리스토텔레스에 반대하며 1660년 무렵 토마소 코르넬리오 학파로 전향했다.

11_ 조반니 델라 카사(Giovanni della Casa: 1503~1556)는 피렌체 출신의 시인이자 외교관으로서 귀족들이 지켜야 할 에티켓에 대한 책 『예절 또는 관습 *Galateo overo de' costumi*』(1558)으로 큰 성공을 거두었다.

카의 시구나 단테의 칸조네의 위대한 격랑으로부터도 마찬가지의 결과를 초래했다. 학식이 출중한 레오나르도 디 카푸아[12]는 토스카나어로 좋은 시를 복원함으로써 거기에 우아함과 아름다움의 옷을 입혔다.[13] 그러나 그러한 장점에도 불구하고 비코는 예의의 문제에 있어 그리스의 지혜에 고취되었거나 격정적인 로마의 장려함이 강하게 실린 연설을 들어보지 못했다. 마지막으로 라틴어에 가장 능통한 토마소 코르넬리오의 극도로 순수한 저작 『물리학 예비 연습』[14]도 젊은이들의 가슴에 훗날 라틴어의 연구에 정진할 용기를 심어주기는커녕 실망스러운 것이었다.

이러한 상황들을 지켜보며 비코는 그가 이름을 걸고 서약했던 스승을 갖고 있지 않았음을 참으로 다행이라 여기며 분파에 구애받지 않고 자신의 좋은 재능의 안내를 받으며 공부의 주요 과정을 따르게 했던 그 [학문의] 숲에 감사했다. 왜냐하면 도시에서는 옷의 유행이 바뀌듯 학문에 대한 취향도 2, 3년마다 바뀌었기 때문이다. 또한 모두가 훌륭한 라틴어 산문

12_ Ⅱ-주11)을 참고할 것.

13_ 이것은 1681년 베네지아에서 발간된 디 카푸아의 시집 『약의 불확실성에 대한 견해*Parere sulla incertezza della medicina*』를 가리킨다. 이 시집은 1699년 나폴리에서 중간되었다.

14_ 코르넬리오에 대해서는 Ⅲ-주9)를 참고할 것. 『물리학 예비 연습*Progymnasmata physica*』은 1688년 나폴리에서 중간본이 나왔다.

의 연구를 게을리하자 그는 거기에 몰두해보기로 굳게 결심했다. 그는 코르넬리오의 그리스어가 대단치 않고 토스카나어에는 하등 관심이 없으며 비판은 좋아하지 않는다는 것을 알게 되었다. 아마도 그는 많은 언어를 아는 사람일수록 그중 하나도 제대로 사용할 줄 모르고, 비판은 항상 작가의 결점만을 지적하게 되므로 언어의 장점을 파악하는 데 도움이 되지 않는다고 생각했을 것이다. 비코 역시 문법학교의 2단계[15]에서 그레처의 『그리스어 독본』[16]을 통해 배웠던 그리스어와 토스카나어를 포기할 생각을 했고, 같은 이유로 프랑스어도 배우지 않았으며 라틴어에 전념했다.[17] 또한 그는 라틴어의 사전과 주석서 들이 출판됨으로써 라틴어가 쇠퇴하고 있다고 생각하여 그런 책들은 다시 손에 잡지 않기로 결심했지만, 기술적인 용어를 알기 위해 유니우스의 『용어집』만은 예외로 했다.[18] 그렇지만 그는 라틴어 작가들을 주석 없이 읽으면서 철학적 비

15_ I-주8)을 참고할 것.

16_ 야콥 그레처(Jacob Gretser: 1562~1625)는 독일 마르크도르프 출신의 제수이트 수도회 소속의 학자였다. 1596년에 출판된 그의 『그리스어 독본*Institutiones linguae graecae*』은 여러 차례에 걸쳐 다시 인쇄되었다.

17_ 니콜리니는 비코가 프랑스어를 배우지 않았다는 것이 과장이라고 지적한다. Vico, *Opere*, I, p. 27, n. 5.

18_ Hadrianus Junius, *Nomenclator omnium rerum*, Antwerp, 1576. 하드리아누스 유니우스(1511~1575)는 네덜란드의 의사였다. 그의 네덜란드 이름은 아드리안 데 용헤(Adriaan de Jonge)이다.

판을 사용하여 그들의 정신 속으로 침투했다. 그것은 16세기의 라틴어 작가들이 했던 것과 같은 방식이었다. 16세기의 라틴어 작가들 중에서 그는 특히 조비오[19]의 유창함과 나바제로[20]의 섬세함에 경탄했다. 나바제로가 남긴 몇 안 되는 저작과 뛰어나게 우아한 취향 때문에 우리는 그의 『역사』가 전해지지 않는 것에 대해 비통해한다.

이런 이유로 비코는 자신의 고향에서 이방인으로 살았을 뿐만 아니라 거의 알려지지도 않았다. 그러나 그러한 심정으로 고독한 삶을 영위했다 할지라도 학문의 지식으로 신뢰를 쌓은 늙은 사람들을 지혜의 신으로서 멀리서 존경하지 않을 수 없었다. 또한 다른 젊은이들이 그 늙은 사람들과 대화를 나누는 행운을 보며 부러운 마음에 솔직하게 화를 내기도 했다. 그는 더 큰 진척을 이루고 싶어하는 사람이었고, 타인의 취향이나 지식수준에 맞춰 살면 된다고 가르치는 악의적이고 무지한 스승의 말을 거스르는 젊은이들 특유의 성향을 갖고 있었다. 그러다 그는 두 명의 중요한 인연을 만나게 되었

19_ 파올로 조비오(Paolo Giovio: 1483~1552)는 코모 출신의 의사이자 역사가로서 당대의 역사에 대한 다음의 책을 썼다. *Historiarum sui temporis XLV.*

20_ 안드레아 나바제로(Andrea Navagero: 1483~1529)는 베네지아 출신의 귀족으로서 시인이자 연설가이자 식물학자였다. 또한 그는 베네지아 공화국의 역사가였다.

안드레아 나바제로의 초상화. 비코는 그의 저서 『역사』가 소실되어 전해지지 않는 것을 비통해했다.

다. 한 명은 테아틴 수도회[21]의 가에타노 단드레아 신부로, 훗날 가장 거룩한 주교로서 삶을 마쳤다. 그는 프란체스코와 제나이오의 형제였다.[22] 가에타노는 서점에서 비코와 교회법 모

21_ 테아틴 수도회는 1524년 성 카예탄(Gaetano dei Conti di Thiene: 1480~1547)과 조반니 피에트로 카라파(Giovanni Pietro Carafa: 1476~1559)에 의해 창설되었다. 카라파는 훗날 교황 바오로 4세가 되었다. 이 수도회는 개신교의 종교개혁에 맞선 가톨릭 종교개혁을 주도했다. 테아틴이라는 이름은 카라파가 주교로 있었던 키에티(Chiete)의 다른 이름인 테아테(Theate)에서 나온 것으로 보인다.

22_ 가에타노 단드레아(Gaetano D'Andrea: 1630~1702)와 프란체스코 단드레아(Francesco D'Andrea: 1625~1698)에 대해서는 다음을 참고할 것. H. P. Ad-

음집의 역사에 대해 대화를 나누다가 그가 결혼을 했는지 물었다. 미혼이라는 대답에 그는 테아틴 수도회에 들어오지 않겠느냐고 물었다. 비코가 자신은 귀족 출신이 아니라고 주저하자[23] 신부는 자신이 로마로부터 허가서를 구해올 수 있으니 장애물은 없을 것이라고 대답했다. 그러자 비코는 신부가 베푼 큰 영광에 감사해하면서 부모님이 늙고 가난하여 다른 희망이 없다고 말했다. 신부가 가족에게 학자는 도움보다는 부담이 될 뿐이라고 하자 비코는 아마도 자신은 그 반대일 것이라고 마무리했다. 그러자 신부는 다음과 같이 말하며 이야기를 끝냈다. "이건 네 천직이 아니구나."

다른 한 명은 그리스어, 라틴어, 토스카나어는 물론 신과 인간에 관한 지식의 모든 분야에 엄청나게 박식한 주세페 루치나[24]였다. 그는 친절하게도 이 젊은이의 능력을 시험해본 뒤 그를 천거할 좋은 기회가 자신에게 있었음에도 도시의 좋은 자리에 쓰이게 하지 못한 것이 유감이라고 말했다. 예리한 재

ams, *The Life and Writings of Giambattista Vico*, (London: George Allen & Unwin, 1935), pp. 46, 61. 제나이오(Gennaio D'Andrea: 1637~1710)는 신성 왕립 평의회의 위원이었다.

23_ 테아틴 수도회는 귀족주의적 성향으로 알려져 있었다.

24_ 출생과 사망의 연도가 알려져 있지 않은 주세페 루치나(Giuseppe Lucina)는 리오나르도 디 카푸아의 열렬한 추종자였다. 디 카푸아에 대해서는 Ⅱ-주11)과 Ⅲ-주13)을 참고할 것.

능과 엄격한 판단과 순수한 토스카나어의 문체로 법조계를 이끌던 학문의 후원자 니콜로 카라비타[25]는 나폴리의 총독이었던 산토스테파노 백작이 이임하게 되자 기념 문집을 만들어 그에게 헌정하기로 결정했다.[26] 우리가 기억하는 한 이것은 나폴리에서 출간된 이런 유의 문집으로는 최초였는데, 며칠 만에 급하게 인쇄된 것이었다. 모두에게 큰 권위가 있었던 루치나는 다른 사람들이 쓸 글의 서문이 될 연설문을 비코가 작성하면 어떻겠느냐고 제안했다. 이 제안이 받아들여지자 루치나는 그 일을 비코에게 전달하면서 이것이 루치나 자신의 최대 후견인이기도 한 학문 후원자 카라비타에게 호의적으로 받아들여질 기회가 될 거라고 일러주었다. 그 젊은이에게는 이보다 더 열성을 다해야 할 일이 없었다. 그는 토스카나어 연구를 중단한 일이 있었기에 1696년 주세페 로셀리의 인쇄소에서 그 문집에 들어갈 연설문을 라틴어로 작성했다. 이후 문인으로서 그의 명성이 급부상하기 시작했다. 그중에서

25_ 니콜로 카라비타(Nicolò Caravita: 1647~1717)는 열렬한 디 카푸아 추종자이자 나폴리 왕국의 사법부 재정을 담당하던 관리로서 나폴리 대학교에서 봉건법을 가르쳤다.

26_ 1696년 니콜로 카라비타의 편집으로 나폴리에서 출간된 이 기념 문집의 제목은 다음과 같다. *Vari componimenti in lode dell'eccellentissimo signore don Francesco Benavides conte di Santo Stefano*.

도 앞서 우리가 명예롭게 언급했던 그레고리오 칼로프레세[27]는 에피쿠로스가 그렇게 불렸던 것처럼 비코를 "스스로를 가르친 사람"이라고 부르곤 했다.[28] 그 뒤 나폴리의 총독이었던 메디나첼리 공작[29]의 어머니를 추모하는 장례식의 추도사 「아라곤의 카테리나 부인의 장례 의례」[30]를 박식한 카를로 로시[31]가 그리스어로, 성직자로서 저명한 연설가였던 엠마누엘 치카텔리[32]가 이탈리아어로, 비코가 라틴어로 작성했다. 이 연설문은 다른 글들과 함께 1697년에 출판되었다.

얼마 뒤 교수가 사망하여 수사학 강좌가 공석이 되었다. 그 자리는 연봉이 100스쿠도에 불과했고, 법학 과정에 진학하려는 학생들에게 교수가 제공하는 자격시험으로 일정치 않은 소액을 추가로 받을 수 있을 뿐이었다. 카라비타가 그 자리에

27_ Ⅱ-주34)를 참고할 것.

28_ "스스로를 가르친 사람"의 원어는 "autodidascalo"이다. 영어로는 "autodidact"라고 하는데 에드워드 사이드는 비코의 이러한 측면을 밝힌 다음의 논문을 썼다. Edward W. Said, "Vico: Autodidact and Humanist", *Centennial Review*, vol. 11, 1967, pp. 336~352.

29_ 메디나첼리(Medinaceli) 공작은 1696년부터 1702년까지 총독이었던 루이지 라체르다(Luigi Lacerda)를 가리킨다.

30_ *Pompe funerali celebrate in Napoli per l'eccellentissima signora donna Caterina D'Aragona* (Napoli, 1697).

31_ 생존 연대가 불분명한 카를로 로시(Carlo Rossi)는 훗날 메디나첼리 공작의 팔라틴 아카데미에서 비코의 동료가 된다.

32_ 엠마누엘 치카텔리(Emmanuel Cicatelli: ?~1702)는 나폴리 대성당의 참사회 위원이었고, 이후 아벨리노의 주교가 된 뒤 그곳에서 1702년에 사망하였다.

지원해보라고 권하자 비코는 처음에는 거절했다. 왜냐하면 몇 달 전 시의 서기를 공채하는 자리에 지원했다가 불행히도 떨어진 일이 있었기 때문이다.[33] 그러자 니콜로 카라비타는 비코에게 기개가 없다고 점잖게 꾸짖었다. 사실상 실제적인 일과 관련해서 그는 기개가 없었다. 니콜로는 비코에게 일단 강의 준비만 열심히 하라고 말했다. 원서는 자신이 접수하겠다는 것이었다. 그리하여 비코는 파비우스 퀸틸리아누스의 가장 긴 장절 "소송의 단계에 대하여"[34]를 시작하는 몇 행만으로 한 시간짜리 강의를 만들어 경쟁했는데,[35] 그는 "단계"라는 단어의 어원과 그 의미의 차이에 대해서만 발표했다. 그 강의는 그리스어와 라틴어에 대한 지식과 비판으로 가득 차 있었는데, 그는 압도적인 득표 차로 그 강좌를 따냈다.[36]

그사이 총독 메디나첼리 공작은 나폴리에 문학을 눈부시게 복구해냈다. 그것은 아라곤의 알폰소[37] 이래 처음 있는 일이었는데, 그는 문학을 배양하기 위해 문인들의 꽃이라 할 수

33_ 1697년의 일이었다.

34_ "소송의 단계에 대하여"(De statibus caussarum)는 고대 로마의 수사학자 파비우스 퀸틸리아누스(Marcus Fabius Quintilianus: 35?~100?)의 저서 『웅변교육론*Institutio oratoria*』의 제3장 6절이다.

35_ 1699년 1월 31일.

36_ 그러나 실제로 찬성은 12표, 반대는 10표로서 단 한 표만 적게 받았어도 과반수를 채우지 못해 탈락할 수 있었다. Vico, *Opere*, I, p. 30. n. 7.

37_ 아라곤의 알폰소에 대해서는 I-주15)를 참고할 것.

있는 사람들로 구성된 아카데미[38]를 설립했다. 이 아카데미는 문학에 고귀한 취향을 갖고 있고 학자들을 크게 우대하였던 나폴리의 박식한 귀족 페데리코 파파코다[39]와 니콜로 카라비타의 제안으로 세워진 것이다. 이제 귀족 계급 사이에서 수준 높은 문학에 열광하는 분위기가 고양되었기 때문에 비코는 학자로 꼽히게 되었다는 명예와 함께[40] 더욱 그곳을 자주 드나들면서 인문학이라는 천직에 완전히 몰입하였다.

행운이 젊은이의 친구라고 일컬어지는 이유는 젊은이들이 삶의 운명을 젊음 속에서 번성하는 기술이나 천직 속에서 선택하려 하기 때문이다. 그러나 세상은 본질적으로 그 취향이 해마다 바뀌는 것이어서 젊은이들도 나이가 들면 자신들이 더이상 좋아하지 않고 따라서 결실을 맺을 수도 없는 지혜에만 강하다는 것을 알게 된다. 실제로 나폴리에서는 문학과 관련해서 거대한 변혁의 시기가 있었다.[41] 16세기 최고의 문학

38_ 이것이 팔라틴 아카데미(L'Accademia Palatina), 또는 왕궁 아카데미(L'Accademia di Palazzo Reale)였다. "메디나첼리 아카데미"라고 불리기도 한다. 1698년 3월 20일에 창립되었다가 음모 사건과 연루되어 1701년 9월에 중단된 뒤 1702년 2월에 완전히 문을 닫았다.

39_ 페데리코 파파코다(Federico Pappacoda: 1654~1719)는 살레르노 지역의 피쇼타(Pisciotta) 출신 귀족이었다.

40_ 1699년 초부터 교수가 되었다.

41_ 1702년부터 1707년까지 나폴리의 총독은 에스파냐에 소재한 에스칼로나(Escalona) 공작이자 비예나(Villena)의 후작이었던 엠마누엘레 파체코(Emmanuele Pacheco: 1653~1725)였다. 그는 철학과 수학에 소양이 깊던 사람

이 이제 그곳에 새롭게 확립되어 오래도록 지속되리라고 모든 사람들이 믿었던 시기에 총독이었던 공작이 떠나게 되었던 사실은 짧은 시간 안에 모든 기대에 정반대되는 사물의 질서를 만들어냈다. 2~3년 전만 해도 형이상학은 수도원 내부에 가둬둬야 한다고 말했던 당찬 문인들이 이제는 그것에 몰두하기 시작했다. 그런데 그들은 마르실리오 피치노나 그 이후 16세기에 많은 위대한 문인들이 그랬던 것처럼 플라톤이나 플로티노스의 저작에 바탕을 두었던 게 아니었다. 그보다는 르네 데카르트의 『성찰』과 그 뒤를 이은 『방법서설』의 토대 위에서 그 작업을 했던 것이다.[42] 『방법서설』에서 데카르트는 언어와 웅변과 역사와 시에 대한 연구를 부정했으며 자신의 형이상학과 물리학과 수학만을 확립시킴으로써 문학을 아랍인들의 지혜 정도로 격하시켰다. 그러나 사실 아랍인들은 데카르트가 말하는 세 분야에서 대단히 학문이 뛰어난 인물을 배출했던 것이다. 형이상학에서는 아베로에스를 배출했고, 수많은 저명한 천문학자와 의학자 들을 배출하여 과학을 설명해줄 용어 자체를 그들이 과학에 물려주었던 것이다. 당시에는

으로서 메디나첼리의 시대에 유행하였던 인문학적 방향 대신에 특히 데카르트 식의 형이상학적, 수학적 방향을 선호했다.

42_ 그러나 사실은 『방법서설』이 1637년에 『성찰』이 1641년에 출간되어 순서가 뒤바뀌었다.

아무리 지식과 재능이 많은 사람이라도 오랜 시간 입자 물리학과 실험과 기계에 최우선적으로 몰두하고 있었기 때문에 데카르트의 『성찰』이 대단히 난해하다고 생각했다. 그 책에 대해 성찰할 만큼 충분히 정신을 감각으로부터 물러나게 만들기가 어렵다고 여긴 것이었다. 그리하여 위대한 철학자에게 바치는 당시의 찬사는 "이 사람은 데카르트의 『성찰』을 이해한다"는 말이었다. 또한 이 시기에 비코와 파올로 도리아[43]는 학자들이 모이는 장소인 카라비타의 집에 빈번하게 드나들었다. 도리아는 훌륭한 귀족이자 훌륭한 철학자로서 비코는 그와 함께 처음으로 형이상학에 대해 논의할 수 있었다. 도리아가 데카르트에 대해 숭고하고 위대하고 새롭다고 경탄하자 비코는 플라톤주의자들에게는 오래된 범속한 지식에 불과하다고 단언했다.[44] 그러나 비코는 도리아의 말에서 플라톤의 신성과 같은 섬광이 번개처럼 내쏟는 정신을 느낄 수 있었다. 그리하여 이후 그 둘은 고귀하고 진실한 우정으로 엮어졌다.

43_ 파올로 마티아 도리아(Paolo Mattia Doria: 1666~1746)는 제네바에서 태어난 철학자이자 수학자로서 1696년부터 나폴리에 정착했다.

44_ 도리아도 비코의 이 언급을 시인했다. 1724년 베네치아에서 출판된 그의 저서 『고대인과 근대인의 철학, 특히 르네 데카르트의 철학과 관련된 비판적, 철학적 논의*Discorsi critico-filosofici intorno alla filosofia degli antichi e dei moderni ed in particolare intorno alla filosofia de Renato Descartes*』를 참고할 것.

이 시기까지 비코는 모든 지식인들 중에서 단 두 명에게만 찬사를 보냈는데, 그들은 플라톤과 타키투스였다. 왜냐하면 견줄 바 없는 형이상학적 정신으로 타키투스는 인간을 있는 그대로, 플라톤은 인간이 어떻게 되어야 하는지를 관조했기 때문이다. 또한 플라톤이 보편적인 지식을 통해 이데아를 아는 인간[45]을 구성하는 덕성의 모든 부분을 널리 알렸듯, 타키투스는 행운과 악운의 무한히 불규칙적인 사건들 속에서 실천적인 지혜를 가진 인간[46]이 줄 수 있는 혜택을 조언을 하러 내려왔다고 보았다. 이 두 명의 위대한 작가에 대한 비코의 찬사는 그가 훗날 공들여 만들 계획[47]의 전조였다. 그 계획이란 모든 시간에 걸친 보편적 역사가 밟아가는 이상적인 영원한 역사를 말하는데, 그것은 인간사의 영원한 속성에 따라서 모든 민족이 흥기하고 정체하고 몰락하는 과정을 겪어간다는 것이다. 여기에서 현명한 사람이란 플라톤처럼 숨겨진 지식[48]도 알아야 하고, 타키투스처럼 범속한 지식[49]도 알아야 한다는 결론이 뒤따른다. 마침내 비코는 베룰람[50] 경 프랜시스

45_ 철학자를 가리킨다.
46_ 구체적으로는 정치가를 가리킨다.
47_ 『새로운 학문』을 가리킨다.
48_ 철학적 지식, 즉 보편 개념으로 정의를 내릴 수 있는 지식을 가리킨다.
49_ 실천적 지식 또는 구체적이고 개별적인 사실에 대한 지식을 가리킨다.
50_ 프랜시스 베이컨은 1618년 베룰람(Verulam) 남작이 되었고, 1621년에는 세

타키투스의 초상화. 비코는 플라톤과 타키투스를 연구함으로써 훗날 저술한 『새로운 학문』의 기틀을 잡았다.

베이컨에 대해 알게 되었는데 그는 범속한 지식과 숨겨진 지식 모두에 있어 그 누구보다 능통한 사람으로서, 이론과 실제를 겸비한 드문 철학자이자 영국의 위대한 대신大臣이었다. 같은 주제에 대해 그보다 뛰어나거나 그에 버금가는 작가들을 찾을 수 없는 다른 책들은 차치하더라도 그의 『학문의 진보

인트 올번스(St. Albans) 자작이 되었다. 따라서 베이컨은 그 이름으로도 불린다. 그 두 이름 모두 영국의 허트포드셔(Hertfordshire)에 있는 지명이다.

에 관하여』를 읽고 다음과 같은 결론을 내렸다. 플라톤이 지혜의 제왕이지만 그리스인들에게 타키투스가 없듯이 로마인들과 그리스인들에게는 베이컨이 없다. 또한 그는 단 한 사람의 존재가 학문의 세계에 결여된 많은 것들을 얼마나 새롭게 발견하고 발전시킬 수 있는지, 얼마나 많고 다양한 결함이 개선되어야 할 필요가 있는지 알아볼 수 있었다는 사실에 놀랐다. 게다가 가톨릭교를 침해했던 몇몇 사례를 제외한다면 그는 특정 직업이나 분파에 대한 편견 없이 모든 학문을 존중하면서 각 학문마다 보편적인 문필 공화국을 구성하는 전체에 도움이 되어야 한다는 계획을 갖고 있었다.[51] 이제 비코는 언제나 무엇을 성찰하거나 글을 쓰기에 앞서 이 세 명의 뛰어난 저자들을 눈앞에 두고 있듯 하여, 창의력에 대한 저작에 몰두하여 최종적인 결과로 『보편법의 한 원리』를 탄생시켰다.

그리하여 왕립 [나폴리] 대학교에서 매년 학사 연도를 시작할 때 행하는 연설[52]에서 형이상학에서 선택한 주제를 사회적으로 적용시켜 말하곤 했다. 그는 이러한 관점에서 처음의 여

51_ 비코가 프랜시스 베이컨에게 그렇게도 감사를 표시했던 이유는 베이컨의 저작 『학문의 존엄과 그 진보에 관하여*De dignitate et augumentis scientiarum*』 제6권의 제1장에서 언어와 시의 기원에 관한 이론을 발견할 수 있었기 때문이었다.

52_ 학사 연도가 시작하는 성루카 축일인 10월 18일에 거행하는 크고 작은 행사들 가운데 하나이다. 그 연설은 수사학 수강생들이 들어야 할 의무였다.

나폴리 대학교 전경. 비코는 수사학 교수로 재직하던 당시 학생들을 대상으로 매년 10월 18일에 연설을 행했다.

섯 연설에서 여러 학문의 목적에 대해 말했고, 여섯번째의 마지막 부분과 일곱번째 연설에서는 연구 방법을 다루었다. 처음의 세 연설은 일차적으로 인간 본성에 적합한 목적을 다뤘고, 그다음의 둘은 정치적 목적을, 여섯번째에서는 기독교의 목적을 다루었다.[53]

1699년 10월 18일에 행해진 첫번째 연설에서 우리는 우리의 모든 능력 속에서 우리의 신성한 정신의 힘을 배양해야 한다고 제안했다. 그 논지는 다음과 같다. "사람들 각기 자신에 대한 인식이야말로 모든 학문 분야에서 큰 업적을 이루기 위한 최대의 자극이다." 그것은 신이 모든 것의 정신인 만큼 인간의 정신이 인간[내부]의 신임을 증명한다.[54] 그것은 감각이건 상상력이건 기억력이건 창의력이건 이성이건 정신의 모든 경이로운 능력은 속도와 용이성과 효율성이라는 신성한 힘을 갖고 대단히 많고 다양한 과업을 어떻게 동시에 수행하는지 각별하게 보여준다. 사악한 감정과 악덕이 없는 어린이들은 [태어난 뒤] 3~4년 동안 놀기만 했는데도 어떻게 모국어의 모든 어휘를 배우게 되는가. 소크라테스는 도덕철학을 하늘로부

53 이 연설들은 1868년에 처음으로 출판되었다. 크로체와 니콜리니가 공동으로 편집하여 1919년에 출판한 라테르자 출판사 판본의 『비코 전집』 제1권에 내용이 수록되어 있다.

54_ 이것은 르네상스시대 신플라톤주의의 영향을 보여주는 명제이다.

터 갖고 내려오기보다는 우리의 정신을 하늘로 높이려 했는데, 창의력 때문에 하늘로 올라가 신 사이에 있게 되었던 것이야말로 우리 각자가 소유하고 있는 정신 때문이 아니겠는가. 연기가 눈에, 악취가 코에 역겨운 것처럼 무지하거나 오도되거나 과오에 빠지는 것은 정신에 역겨운데, 무지한 사람들이 그리도 많다는 것이 놀라운 일이라면 태만을 특히 탓해야 하는 것이 아닌가. 영감에 이끌린 우리가 우리의 유효한 의지만으로 어떤 일을 성취한 뒤 그것이 마치 우리가 아니라 신에 의해 이루어진 것이라고 경이를 느낀다면, 우리가 모든 것에 대해 알지 못한다 할지라도 어찌 그것이 단지 우리가 모든 것을 알기를 원하지 않았기 때문이겠는가. 따라서 그 연설은 다음과 같이 끝맺음을 했다. 젊은이가 몇 년 이내에 학문의 모든 과정을 완성하지 못한다면 그것은 단지 그가 원하지 않았거나, 또는 원했다 할지라도 선생이 없었거나 연구의 순서를 잘못 정해 실패했거나, 또는 그의 연구의 목적이 우리 정신에 있는 일종의 신성을 배양하려는 것이 아니었기 때문이다.

1700년에 시행된 두번째 연설에서는 "우리는 정신의 진리를 따라 덕성으로 영혼을 고취시켜야 한다"고 촉구했다. 그 논지는 "바보가 바보 자신에게 보이는 적대감보다 더 끔찍하고 위험한 것은 없다"는 것이었다. 그 연설은 우주를 거대한 도시로 묘사했는데, 그 안에서 신은 영원한 법에 따라 어리석은 자들이 스스로에게 다음과 같은 전쟁을 벌이도록 단죄했다는 것이다. "전능한 손이 쓴 그 법에는 모든 사물의 본질만큼이나 많은 장절이 있다. 인간에 관한 장章을 낭독해보자. '인간은 사멸하는 육체와 영원한 영혼으로 이루어지도록 하라. 그는 진과 선이라는 두 가지만을 위해, 즉 나만을 위해 태어나도록 하라. 그의 정신은 진眞과 위僞를 구분하도록 하라. 그의 감각이 그의 정신에 장애가 되도록 하지 말라. 이성이 삶의 서광이 되고 삶을 이끌고 지배하도록 하라. 욕망은 이성에 종속하도록 하라. (……) 그의 영혼의 좋은 기예로 칭찬을 얻도록 하라. 덕성과 성실성으로 그가 인간의 행복에 도달하도록 하라. 만일 누군가가 어리석게도 악의나 사치나 나태나 경솔함으로 말미암아 이 법을 어긴다면 그는 반역의 죄를 짓는 것이다. 그로 하여금 스스로와 전쟁을 벌이도록 하라.'" 그 뒤 연설은 전쟁의 비극적인 묘사로 이어졌다. 이 문구로 보건대 그가 훗날 『보편법』에서 발전시켰던 주제에 대해 그의 마음을 돌리기 시작했던 것은 이 시기로 거슬러올라가는 것이 확실하다.

1701년에 행한[55] 세번째의 연설은 앞선 두 연설에 대한 실

55_ 실제로는 1702년 10월 18일이었다. 1700년 11월 에스파냐 국왕 카를로스 2세의 사망 이후 일어난 전쟁으로 인해 1701년에는 이 연례행사가 취소되었다. H.

천적인 부록이었던 것으로서 그 논지는 다음과 같다. "허위가 아닌 참된 지식, 공허하지 않은 견고한 지식으로 남기기 위해 연구하려 한다면 학문의 세계에서는 기만이 없어져야 한다." 그것은 문필 공화국에서는 공정하게 살아야 한다고 논증했다. 그것은 이러한 공적인 학문의 보고에서 그릇된 헌사를 이끌어내려 하는 예의바른 비평가들과 그것이 더욱 커지도록 조장하는 완고한 분파주의자들과 그가 거기에 기여했다고 날조하는 사기꾼들을 비난했다.

1704년에 낭독했던[56] 네번째 연설의 논지는 다음과 같다. "학문의 연구로부터 명예로 가득 찬 혜택을 거두어들이려는 자에게는 공동체의 영광과 선을 위해 배움을 닦아야 한다는 것을 일깨우라." 그 연설은 단지 이익만을 위해 연구하며 따라서 실제로 학식을 갖추기보다는 갖춘 것처럼 보이기 위해 애쓰는 그릇된 학자들을 겨냥한 것이었다. 그들은 추구하는 이익을 획득하면 게을러지고 가장 낮은 기예만 수행하여 학자로서의 평판만 유지하려 한다. 비코가 이 강연을 절반쯤 진행하고 있을 때 에스파냐 행정관들의 카토라고 불렸던 신성 평

P. Adams, *The Life and Writings of Giambattista Vico*, p. 78.

56_ 실제로는 1703년 10월 18일에 행해졌을 가능성이 높다고 니콜리니는 지적한다. Vico, *Opere*, I, p. 35, n. 1. 개강 연설은 매년 10월 18일에 행해졌다.

의회의 의장 펠릭스 란지나 우요아[57]가 참관했다. 비코는 그에게 예의를 표하기 위해 정신을 가다듬고 앞서 했던 강연을 간략하게 요약한 뒤 그것과 남은 강연을 결합시켰다. 이와 비슷한 발상의 신속성은 클레멘트 11세가 발휘했던 것과 비슷했다. 그는 수도원장이었던 시절 후견인이었던 추기경 데트레[58]에게 예의를 표하기 위해 우모리스티 아카데미[59]에서 이탈리아어로 말을 했던 적이 있었다. 그 결과로 그는 인노켄티우스 12세[60] 밑에서 행운의 경력을 시작하여 교황의 지위까지 올랐던 것이다.

1705년에 행한 다섯번째 연설에서는 "국가에 학문이 가장 번성할 때 그 국가는 군사적 영광에서도 가장 명성이 높고 정치적으로도 가장 강력하다"라는 논지를 제시했다. 그 논

57_ 펠릭스 란지나 우요아(Felix Lanzina Ulloa: 1619~1703)는 이 강연보다 이전인 1703년 3월 30일에 사망했다. 비코는 이전의 강연에서 있었던 일과 착각한 것으로 보인다.

58_ 세자르 데트레(César d'Estrées: 1628~1714)는 파리 출신의 추기경으로서 프랑스의 정치에서도 큰 영향력을 행사했다.

59_ 우모리스티 아카데미(Accademia Umoristi)는 17세기 로마의 문화계를 주도했던 지식인들의 아카데미로서 주로 귀족들로 구성되었다. 1603년에 창설되어 1670년 이후에는 쇠퇴하였지만 18세기 초엽 클레멘트 11세에 의해 잠시 활력을 얻었다가 곧 폐쇄되었다. 비코의 기록과 달리 클레멘트 11세와 관련된 일화가 일어났던 곳은 우모리스티 아카데미가 아니라 스웨덴의 크리스티나 여왕이 머물던 로마의 거처였다.

60_ 실제로는 인노켄티우스 12세가 아니라 11세였다.

지는 좋은 논리로 증명되었고 다음과 같은 일련의 사례를 통해 확인되었다. 아시리아에서 칼데아인들이 발흥하였는데 그들은 세계 최초의 지식인들로서 그곳에 최초의 거대한 왕국을 건설하였다. 그리스가 이전의 모든 시대에서 지식으로 빛났을 때 페르시아 왕국은 알렉산드로스에 의해 붕괴되었다. 로마는 카르타고의 폐허 위에 세계 제국을 건설했다. 로마는 스키피오의 지휘 아래 카르타고를 패배시켰는데, 철학과 웅변과 시에 대한 스키피오의 지식은 테렌티우스[61]의 견줄 바 없는 희극에도 나타난다. 그 희극은 스키피오가 친구 라일리우스[62]와 함께 쓴 것이었는데 그것이 자기 자신의 위대한 이름 아래 나오는 것이 마땅치 않다 여겨 테렌티우스의 이름으로 출판하게 하였고, 의심할 바 없이 테렌티우스도 거기에 가필했다는 것이다.[63] 로마 제국은 아우구스투스의 치하에서 확립되었는데, 그의 시대에는 그리스의 모든 지혜가 로마에서 라틴어의 광휘 속에 빛을 발했다. 이탈리아에서 가장 뛰어난 왕국

61_ 테렌티우스(Publius Terentius Afer: 190?~160 BC)는 고대 로마를 대표하는 희극 작가였다.

62_ 라일리우스(Gaius Laelius)는 기원전 2세기 로마의 정치가였다.

63_ 니콜리니는 이것이 비코의 과장이었다고 주장한다. 그 근거는 테렌티우스를 애호했던 비코가 이전의 저작에서는 이런 사실을 언급한 적이 없었다는 사실이다. Vico, *Opere*, I, p. 36, n. 1.

나폴리 국립 고고학 박물관에 있는 스키피오의 흉상. 비코는 학문의 중요성을 역설하는 자신의 연설문에서 스키피오를 예로 들었다.

은 카시오도루스의 보좌를 받던 테오도리쿠스[64]의 치하에서 빛을 발했다. 카롤루스 대제와 함께 로마 제국은 독일에서 다시 일어섰는데, 그 이유는 서양의 왕궁에서 오래전부터 사멸했던 학문이 알쿠이누스[65]와 같은 사람들과 함께 다시 일어났기 때문이었다. 알렉산드로스 대제는 호메로스가 용맹함의 표본으로 만든 아킬레우스의 모범을 따랐고, 알렉산드로스의

64_ 테오도리쿠스(Flavius Theodoricus: 454~526)는 이탈리아를 지배했던 동고트 왕국의 왕으로서 당대 최고의 로마인 학자인 보에티우스(Anicius Manlius Severinus Boëthius: 477?~524)와 카시오도루스(Flavius Magnus Aurelius Cassiodorus Senator: 485?~585?)를 재상으로 기용했다.

65_ 알쿠이누스(Flaccus Albinus Alcuinus: 735?~804)는 영국 요크 출신의 학자로서 카롤루스 대제의 왕국에서 궁정학교를 운영하며 이른바 '카롤링거 르네상스'를 이끌었다.

모범은 율리우스 카이사르를 고취시켜 위업을 달성하게 만들었다. 그 둘 중 누가 더 위대하다고 말할 수는 없을지라도 그 두 지휘관은 호메로스가 만든 영웅의 제자였던 것이다. 위대한 철학자이자 신학자였던 두 명의 추기경 중 한 명은 뛰어난 연설가이기도 했는데, 히메네스[66]와 리슐리외[67]는 각기 에스파냐와 프랑스의 왕국을 위한 계획을 세웠다. 터키인들은 야만 위에 거대한 제국을 세웠지만 세르기우스[68]라는 학식 높고 불경한 기독교 수도승의 도움을 받았던 것인데, 그가 어리석은 모하메드[69]에게 제국의 토대가 될 법을 전해주었다고 한다. 그리스인들이 처음에는 아시아에서, 후에는 도처에서 야만으로 몰락했을 때 아랍인들은 형이상학과 수학과 천문학과 의학에 몰두했고, 비록 대단히 고양된 인간성을 갖추지는 못했다 할지라도 이러한 박학한 지식을 갖고 거칠고 야만적인 알 만수르[70]를 정복하는 드높은 영광을 누리며 모든 학문의

66_ 프란시스코 히메네스 데 시스네로스(Francisco Jiménez de Cisneros: 1436~1517)는 에스파냐의 추기경으로서 최초의 다중언어 성서를 후원했던 것으로 유명하다.

67_ 아르망 장 뒤 플레시(Armand Jean du Plessis: 1585~1642)는 리슐리외 추기경이라고 불리는데 프랑스 국왕 루이 13세의 재상으로 있으면서 절대왕정의 강화에 기여했다.

68_ 세르기우스는 전설로 전해지는 수도승으로 기독교를 배교했다.

69_ 오토만제국의 메흐메트 2세(1432~1481)를 가리킨다.

70_ 알 만수르(Abu Ja'far Abdallah ibn Muhammad al-Mansur: 714~775)는 아바시드 왕조의 2대 칼리프였다.

연구가 금지되었던 터키에 제국을 건설하는 것을 도왔다. 그러나 이렇듯 방대한 제국도 처음엔 그리스에서, 그 뒤엔 라틴에서 기독교를 배교한 자들이 없었더라면 스스로 붕괴하였을 것이다. 그들이 때때로 전쟁의 기술과 전술을 제공해주었던 것이다.

1707년에 거행된 여섯번째 연설의[71] 일부는 다양한 연구의 목적을, 다른 일부는 그 순서에 대한 논지를 다뤘다. "인간의 타락한 본성에 관한 인식은 우리로 하여금 예술과 과학의 모든 궤적에 대해 연구하도록 만들고, 그것을 획득해야 하는 옳고 용이하고 변하지 않는 순서를 제의하고 설명한다." 여기에서 그는 청중들 스스로 악의 고통을 받고 있는 사람들이 혀와 정신과 마음을 갖고 있는 사람들과 어떻게 다른지 깊이 생각해보도록 했다.[72] 혀는 때로는 관념을 도와주지 못할 뿐 아니라 배신하는데, 그렇게 해서는 다른 사람과 하나가 되려고 해도 될 수가 없다. 다양한 견해는 감각의 취향이 달라서 나타나는 것인데 정신을 통해서는 다른 사람과 합의를 이룰 수 없다. 마지막으로 마음이 타락하면 악의 보편성 때문에 사람

71_ 니콜리니는 1706년에 거행되었을 가능성을 제기한다. Vico, *Opere*, I, p. 36, n. 4.

72_ 혀와 정신과 마음은 각기 언어와 지성과 감정을 대변하는 것으로 봐야 할 것이다.

들 사이의 타협조차도 이루어지지 않는다. 따라서 그는 우리의 타락의 고통은 미덕과 지식과 웅변으로 치유되어야 한다고 논증했다.[73] 단지 이 셋을 통해서만 사람은 다른 사람과 동질감을 느낄 수 있는 것이다. 이것이 비코를 연구의 목적에 대한 논의로 이끌었다. 그는 연구의 순서를 고려하는 사람들을 위해서 언어가 인간의 사회를 확립시키는 가장 강력한 수단이기 때문에 언어로부터 연구를 시작해야 한다고 논증했다. 언어는 전적으로 기억력에 의존하며 그것은 어린이에게서 놀랄 정도로 강하게 나타난다. 어릴 때에는 논리가 약해서 단지 사례를 통해서만 규정을 하려고 하기 때문에 그 사례들이 효과적으로 받아들여지기 위해서는 생생한 상상력이 필요한데, 어린이들의 상상력은 놀라울 정도이다. 따라서 어린이들은 신화이건 실화이건 역사 읽기에 몰두해야 한다. 물론 어린이들도 논리적이긴 하지만 그들에게는 논리를 펼칠 소재가 없다. 따라서 척도에 관한 지식을 연마함으로써[74] 좋은 논리의 기술에 능숙해져야 한다. 그것은 기억력과 상상력을 요구함과 동시에 지나치게 비대해질 경우 우리의 모든 과오와 비탄

73_ 미덕과 지식과 웅변은 각기 감정과 지성과 언어가 이상적으로 표현된 방식이라고 봐야 할 것이다. 예컨대 웅변을 가리키는 이탈리아어 "eloquenza"는 어원을 추적하면 "좋은 말"이라는 뜻이 되기 때문이다.

74_ 즉 "계량적으로 연구함으로써".

의 어머니가 될 상상의 힘을 통제하기도 한다. 어린 시절에는 감각이 지배하며 순수한 정신을 그 내부로 끌어들인다. 그렇다면 그들에게 물리학을 배우게 하라. 물리학은 물체로 이루어진 우주에 대해 깊이 생각하도록 만들고 우주의 체계에 대한 학문을 위해서는 수학이 필요하기 때문이다. 방대하고 비대한 물리학의 관념과 선과 숫자에 대한 섬세한 관념으로 그들이 실체와 일자一者[75]에 대한 지식을 갖고 형이상학에서의 추상적인 무한에 대해 알도록 하라. 그러한 지식 속에서 젊은 이들이 그들의 정신을 인식하게 된 뒤에는 그들로 하여금 자신들의 영혼에 대해 성찰할 준비를 하도록 해 영원한 진리의 결과로서 그것이 타락했다는 것을 인정하도록 만들고, 그리하여 그들이 감정이 가장 격렬한 젊은 시절 감정의 사악한 인도를 어느 정도 경험하게 될 무렵에 도덕성에 의해 자연적으로 그것을 교정할 마음이 들도록 하라. 또한 그들이 이교도의 도덕은 본질적으로 자기애를 다스리고 억누르기에 충분하지 못하다는 것을 알게 되고, 형이상학의 경험을 통해 무한한 것이 유한한 것보다, 정신이 육체보다, 신이 자신이 어떻게 움직이고 느끼고 아는지 알지 못하는 인간보다 더 확실하다는 것을 알

75_ 플로티노스의 신플라톤주의적인 관념이다.

게 되면 그런 뒤에야 겸허한 지성으로 계시신학을 받을 준비를 하게 하라. 그리고 그 결과로 기독교의 도덕으로 내려와 정화된 뒤 마지막으로 기독교의 법학으로 향하게 하라.

IV

비코 철학의 두번째 형성

(1707~1716)

우리가 논한 최초의 연설 시기부터 마지막 연설에 이르기까지 내내 비코의 정신을 끓어오르게 한 것은 인간적이고 신성한 모든 지식을 하나의 원리로 통합하기 위한 새롭고도 원대한 주제였다. 그러나 그가 펼쳐온 논지로는 그것을 아우르는 데 턱없는 부족함이 있었다. 그가 보기에 당시의 문필 공화국은 너무도 많은 책의 무게에 눌려 있었고, 정말 중요한 발견과 쓸모 있는 창작이 아니라면 더이상 책이 필요하지 않다고도 생각했다. 그렇다 보니 그는 자신의 연설이 출판되지 않은 걸 차라리 다행스러워했다. 그러던 중 1708년에 왕립 [나폴리] 대학교가 격식을 갖춘 공공 연구에 착수하기로 결정했고, 나폴리의 총독인 그리마니[1]가 참석한 가운데 연설과 함

1_ 빈첸조 그리마니(Vincenzo Grimani: 1655?~1710)는 추기경이자 외교관으로서 헨델의 오페라 『아그리피나』의 대본을 쓴 것으로 알려져 있다.

께 왕에게 [그 성과를] 헌정하기로 했다. 따라서 이번 연설은 출판이 예정되었는데, 그것은 비코에게 문필의 세계에 새롭고 유용한 발견을 가져다줄 논지를 발전시킬 절호의 기회였다. 그것은 베이컨이 『신기관』[2]에서 밝혔던 욕망에 버금간다고 할 만한 것이었다. 그는 연설에서 모든 종류의 지식에 있어 고대인들의 연구 방법을 오늘날 우리들의 연구 방법과 비교하여 그 장점과 단점을 밝히면서, 오늘날의 단점 가운데 어떤 것을 어떻게 극복할 것인가, 그리고 불가피한 단점에 대해서는 고대인들의 어떤 장점에서 대안을 얻을 수 있을 것인가 하는 문제를 다뤘다. 예컨대 우리가 익히 알고 있는 고대인들에 플라톤 같은 사람 한 명만 더해도 오늘날의 대학교 전체에 버금가리라는 것이었다. 그 목적은 신에 대한 지식과 인간에 대한 지식 모두가 모든 곳에서 하나의 정신으로 지배하고 그리하여 학문들마다 서로에게 도움의 손을 내밀며 서로에게 장애가 되지 않도록 하려는 것이었다. 이 연설은 그해 펠리체 모스카 출판사에서 12절판으로 발간되었다.[3] 그 논지는 사실상 "법학자

2_ 『신기관*Novum Organum*』(1620)은 정상적인 지혜를 가로막는 네 가지의 우상을 지적하고 그것을 넘어설 방법으로서 귀납법을 제시했던 프랜시스 베이컨의 저서이다.

3_ 이것이 『우리 시대의 연구 방법에 관하여*De nostri temporis studiorum ratione*』라고 알려져 있는 비코의 저서로서, 1708년이 아닌 1709년에 나폴리의 펠리체 모스카(Felice Mosca) 출판사에서 발간되었다. 펠리체 모스카는 어렸을

의 일관성"이라는 부록과 함께 『보편법의 한 원리』에서 고투했던 논리의 초안이었다.

또한 비코는 젊은이들에게 강의하는 것 외의 다른 방식으로 법학의 분야에서 자기 자신과 학교를 위해 명성을 얻으려는 목표를 항상 갖고 있었기 때문에 그 책에서 고대 로마 법학과 법의 비밀을 상세하게 논의했고, 로마 정부의 국제國制의 관점에서 사법私法까지도 이해할 수 있는 법학의 체계를 제시하려 했다. 그 저작의 이 부분에 관해서는 고대 로마에 대해 박식하고 법 전문가이기도 했던 왕립 대학교 학장이자 참사회 위원인 빈첸조 비다니아[4]의 주목을 받았다. 그 당시 바르셀로나에 있었던 비다니아는 고대 로마의 법학자들이 모두 귀족이었다는 비코의 주장을 특히 예외적으로 칭찬했던 것이다.[5] 비코는 그 당시 사적으로는 답장을 보냈고 공적으로는 훗날 『보편법의 한 원리』에 저명한 비다니아의 논문과 그에 대한 비코의 대답을 각주로 달았다. 한편 네덜란드의 가장 박식한

적부터 비코의 친구로서 비코의 모든 책이 이 출판사에서 발간되었다.

4_ 에스파냐 출신인 빈첸조 비다니아(Diego Vincenzo Vidania da Huesca: 1631~1732)는 당시 나폴리 왕국 성당의 성직자들을 총괄하는 역할을 맡았는데, 그 자리는 학장을 겸무하게 되어 있었다. 그는 익명으로 1713년에 출판된 『유스티니아누스 코덱스』의 저자로 알려져 있는데, 그것은 저명한 네덜란드 법학자 헨드릭 브렝크만(Hendrik Brenkmann: 1681~1736)의 상찬을 받았다.

5_ 실제로는 비다니아가 바르셀로나에서 1709년 4월 26일 비코에게 라틴어로 쓴 편지를 발신한 것이었다.

법학자 헨드릭 브렝크만은 법학에 관한 비코의 관점에 대단히 만족했다.[6] 그가 피렌체의 법령집을 참고하기 위해 피렌체에 머물렀을 때,[7] 그는 안토니오 리날디[8]와 함께 나눈 대화에서 그 법령집에 대해 호평했다. 리날디는 나폴리의 한 권력자[9]를 변호하기 위해 나폴리에서 피렌체로 갔던 것이다. 언제나 시간이 바쁜 추기경 총독의 면전에서 말할 수 없었던 것을 덧붙여서 이 책이 빛을 보게 되자 오후의 수석 법학 강사로서[10] 언어와 학문 전반에 너른 지식을 갖고 있던 도메니코 다우실리오[11]는 교수 공채가 진행되던 어느 날 비코를 불러 자신의

6_ 비코는 1710년 피렌체에 있던 브렝크만에게 『이탈리아인들의 가장 오래된 지혜』에 서명을 하여 한 부를 보냈고, 브렝크만은 1712년에 나폴리에 있으면서 비코를 만났던 것으로 보인다.

7_ 이것은 피렌체에 있는 『유스티니아누스 법전』에 대한 코덱스를 연구하려는 것이었다.

8_ 안토니오 리날디(Antonio Rinaldi: 1685~?)는 비코의 친구였던 변호사 바실리오 잔넬리(Basilio Giannelli: 1662~1716)를 수행하던 젊은 법학도였다.

9_ 이 권력자는 산 조반니 공작부인이었다. 바실리오 잔넬리는 그를 변호하기 위해 피렌체에 갔던 것이고 리날디는 그를 수행했다.

10_ 그는 "저녁의 시민법 강사"(lettore di Diritto civile della sera)였는데 그 연봉은 1,100스쿠도에 달했다.

11_ 도메니코 다우실리오(Domenico d'Ausilio: 1639?~1717)는 히브리어, 그리스어, 라틴어의 학자이면서 철학, 법학, 수학, 물리학에 대해서도 백과사전적인 지식을 갖고 있었다. 그는 당대에 가장 학식이 높다고 일컬어졌던 피에트로 잔노네(Pietro Giannone: 1676~1748)의 스승이기도 했다. 니콜리니는 다음의 책에서 그에 대해 서술했다. 『비코 시대의 칼과 교회와 토가와 연구의 인간』(*Uomini di spada, di chiesa, di toga, di studio ai tempi di G. B. Vico*, Milano, Hoepli, 1942).

옆에 앉으라고 청했다. 그는 그때까지 학교에서 비코를 만난 적이 없었다. 다른 이유가 있었던 것이 아니라 여기에서 다시 언급할 필요는 없지만, 비코가 오래전 나폴리에서 불붙었던 큰 논쟁[12]에서 디 카푸아 파의 반대편에 섰던 문인들의 친구였기 때문이다. 따라서 그는 비코의 연례 연설을 듣지 않았던 것이다. 그는 자신이 그 "작은 책"을 읽었다고 말하며 비코를 "손가락만 움직이는 사람이 아닌 매 페이지마다 다른 사람들을 움직여 방대한 책자로 엮어내도록 만들어줄 수 있는 사람"이라고 평가했다. 대단히 엄격하고 칭찬을 아끼는 이 사람이 이렇듯 관대하게 행동하고 친절하게 평가한 것은 각별히 비코에게 큰 아량을 보여준 것이다. 그날 이후 그들은 긴밀한 우정을 맺었고, 그것은 그 위대한 문인이 살아 있는 동안 지속되었다.

그러는 사이에 비코는 사실보다는 창의력과 학식에 바탕을 둔 베이컨의 논문 『고대인들의 지혜에 대하여』[13]를 읽으면

12_ 이 논쟁은 1681년부터 1682년까지 지속되었는데 이후에도 후유증이 남았다. 그 논쟁은 어떤 조건에서는 무지개가 완전한 원의 형태로 보일 수도 있다고 한 디 카푸아의 주장에 대해 다우실리오가 하나의 풍자시로 조롱을 함으로써 시작되었는데, 결국엔 디 카푸아주의자들과 그들 반대파 사이의 전반적인 논쟁으로 비화하였다. 앞서 논했듯 비코는 디 카푸아의 영향을 크게 받았다. Ⅱ-주11) Ⅲ-주13)을 참고할 것.

13_ 베이컨이 라틴어로 쓴 『고대인들의 지혜에 대하여*De sapientia veterum*』(1602)는 고대인들의 신화를 다룬 소책자로서, 베이컨은 여기에서 신화에 담긴 도덕적, 정치적 의미를 밝히려 했다.

서 시인들의 신화보다 훨씬 더 거슬러올라가는 원리[14]를 찾아 보고 싶은 생각이 들었다. 플라톤이 『크라틸로스』[15]에서 그리스 언어의 어원 내부에서 연구하려 했던 길을 따라 움직여보려는 것이었다. 그러한 관심을 더욱 촉진시켰던 것은 문법학자들이 찾은 어원 연구가 만족스럽지 못하다는 생각을 갖기 시작하면서부터였다.[16] 그는 라틴어의 어원에 관한 원리를 찾는 데 더욱 몰두하게 되었다. 왜냐하면 확실히 피타고라스학파의 이탈리아 분파가 훗날 그리스 본토에서 등장했던 학파 자체보다 훨씬 먼저 만개했고 깊이도 더 있었기 때문이다.[17] 그는 '끌'과 '큰 체적의 공기'라는 뜻을 가진 '코일룸'[18]이라는

14_ '원리'를 뜻하는 이탈리아어 "principio"는 '시작'을 뜻하기도 한다. 따라서 이 문장은 신화에 앞서 그것을 표현한 언어의 '어원'을 추적하겠다는 의미로 읽어야 할 것이다.

15_ 『크라틸로스*Cratylus*』는 플라톤 중기의 대화편으로서 "이름"의 본질에 대해 논한다. "이름"이 관행에 의해 만들어지는 것인가 아니면 이름이 지칭하는 사물과 자연적인 연관성이 있는가 하는 문제를 다룬 것이다.

16_ 특히 비코가 당시 문법학자들의 어원에 대한 설명에 불만을 품었던 것은 그들이 단지 문법학적으로만 어원에 접근했기 때문이다. 이후 비코는 『새로운 학문』에서 밝혔듯 역사적 어원학을 추구해야 한다고 주장했다. 즉, 신화나 서사시는 모두가 역사적 문서이기에 그 어원을 역사적으로 밝혀야 한다는 것이다.

17_ 『새로운 학문』에서 비코는 피타고라스를 신화에 불과하다고 치부하며 피타고라스학파는 철학자들이라기보다는 정치적 분파였을 것이라고 간주한다. 이와는 반대로 여기에서 말하는 시기, 즉 『고대 이탈리아인들의 지혜』에서는 피타고라스가 실제로 존재했으며 연대기를 통해 전해져 내려오는 것보다 훨씬 이전 시기에 그를 위치시켰다.

단어로부터 피타고라스에게 가르침을 주었다는 이집트인들에 대해 다음과 같은 추론을 펼칠 수 있었다. 이집트인들에게는 자연 속의 만물을 만든 연장이 끌이었으며, 그들의 피라미드는 그 끌을 표현하려던 것이었다. 또한 라틴어에서는 자연을 '창의력'이라고도 부르는데,[19] 그 주된 고유의 속성은 '예리함'이다. 그것은 자연이 공기라는 끌로 모든 형상의 꼴을 만들거나 깎아낸다는 것을 암시한다. 그 연장을 움직이는 손이 에테르일 것이며, 그 에테르의 정신이 제우스일 것이다. 라티움인들은 '공기'를 '아니마'[20]라고 불렀으며, 그것은 우주에 운동과 생명을 부여하는 원리로서 그 위에서 에테르는 여성에 대해 남성이 행동하듯 작동한다.[21] 그 에테르가 생명체 속으로

18_ 라틴어 "coelum".

19_ 라틴어에서 '자연' 또는 '본성'(natura)과 '창의력'(ingenium)은 동의어이다. 이에 대해서는 아우구스티누스의 『신국*De civitate Dei*』 제11권 10장 2절을 참고할 것. 라틴어에서 'natura'라는 말이 '태어나다'라는 의미의 'nascor'라는 단어에서 파생되었듯 'ingenium'이라는 단어도 '자식을 낳다'라는 뜻의 'gignere'에서 파생되었다. 풀어 설명하자면 신의 창의력이 자연, 즉 물리적인 세계를 만들었다는 것이다. 그렇듯 인간의 창의력이 기계와 같은 인공물을 만들었다는 것이다. 여기에서 발전시켜 비코는 『새로운 학문』에서 자연은 신이 창조했고 민족의 세계는 인간이 만들었다는 주장을 펼친 것이다.

20_ "anima"는 여성형이다.

21_ 자연에 대한 범신론적 현상 체계이다. 자연적으로 여성적인 요소인 '공기'에 자연적으로 남성적인 요소인 '에테르'가 충만해지면 끌의 형상을 갖추게 된다는 것이다.

스며들어가면 그것을 '아니무스'[22]라고 불렀다. 그리하여 "아니마에 의해 우리는 살고 아니무스에 의해 우리는 느낀다"[23]라는 라틴어의 통속적인 구분이 생겼다. 따라서 인간의 피에 스며들어간 '아니마' 즉 '공기'는 생명의 원리[24]가 되고, 신경으로 스며들어간 '에테르'는 감각의 원리가 된다. 또한 에테르가 공기보다 더 활동적인 만큼 동물적인 '정신'[25]은 생명의 원리보다 유동적이고 신속하다.[26] 또한 아니마 위에서 아니무스가 작동하는 것처럼 아니무스는 라티움 사람들이 "멘스"[27]라고 부르던 것, 즉 '생각'을 작동시킨다. 따라서 라틴어에는 "아니무스의 생각"[28]이라는 표현이 있는 것이다. 그런데 이러한 생각이나 정신은 제우스로부터 인간에게 전해지는데, 제우스는 에

22_ "animus"는 남성형이다.

23_ "anima vivimus, animo sentimus". Titus Lucretius Carus, *De rerum natura*, II, 137.

24_ Ⅳ-주14)에서 밝힌 것처럼 여기에서 '원리'는 '출발점' 또는 '시작'이라고 읽어도 무방하다.

25_ "spirito". 전반적으로 영어권에서는 'anima'를 'soul'로, 'animus'를 'spirit'으로 번역한다.

26_ 아리스토텔레스로부터 내려오는 생물계의 위계질서에 대한 관념을 따르고 있다. 식물군은 단지 생명을 보존하려는 능력밖에 없는 반면, 동물군은 감각을 느낄 수 있기에 더 우월하다는 것이다. 이것이 이른바 '존재의 대연쇄'라는 개념의 기본적인 틀이 되어 르네상스 휴머니스트들도 그것을 받아들이고 있다.

27_ "mens"는 '생각', '정신' 정도로 번역될 수 있는 말로서 'mental', 'mentor'와 같은 영어 단어들의 어원이다.

28_ "mens animi". Titus Lucretius Carus, *De rerum natura*, IV, 78

테르의 정신이다. 그렇다면 자연 속의 만물의 출발점[29]은 피라미드 형상의 입자일 것이다.[30] 또한 결합된[31] 에테르가 불인 것도 확실하다.[32]

어느 날 비코는 루초 디 상그로[33]의 집에서 도리아에게 이러한 원리에 대해 논리를 펼쳤다. 그는 아마도 물리학자들이 자석의 이상한 효과라고 의아해하는 것이 곰곰이 생각해보면 불에서는 흔히 일어나는 일일 것이라고 말했다. 자석에서 가장 놀라운 현상은 철을 끌어당기는 것, 자석의 힘을 철에 전달하는 것, 극을 향하는 것, 이 세 가지이다. 그런데 거리에 비례하여 열을 가하면 불이 일어나고, 불은 선회하면서 화염을 낳고, 그것이 우리에게 빛을 전달하며 화염은 하늘로 정점을 향한다는 사실보다 더 평범한 지식은 없다는 게 비코의 논리였다. 자석이 화염만큼 밀도가 희박해지고 화염이 자석만큼

29_ Ⅳ-주14)와 Ⅳ-주24)의 내용을 역으로 적용시켜 본문의 "출발점"은 '원리'로 읽을 수 있다.

30_ 이것은 피타고라스의 영감을 받은 이론이다. 그에 따르면 사물의 물질적인 요소는 원자 또는 입자이며 그것은 피라미드의 형상이라는 것이다. Vico, *Opere*, I, p. 42, n. 9.

31_ 원어는 "unito". 분리되어 농축된 것을 말한다.

32_ 농축된 에테르가 화염을 만들어내 불을 일으킨다는 이론은 플라톤의 『티마이오스』에도 나타난다.

33_ 루초 디 상그로(Lucio di Sangro)는 생존 연대가 확인되지 않지만 발명가로 유명했던 산세베로 공 라이몬도(Raimondo di Sangro principe di Sansevero: 1710~1771)의 숙부였다.

밀도가 높아지면 자석은 극이 아니라 정상을 향할 것이며, 화염은 정상이 아닌 극을 향할 것이다. 그렇다면 자석이 극을 향하는 것은 그곳이 자석이 도달할 수 있는 높이의 정점이기 때문이 아니겠는가? 왜냐하면 상당히 긴 바늘의 끝에 자성을 부여하면 그 끝이 극을 향하려 하면서 정상을 향하리라는 것은 분명할 것이므로. 따라서 여행자로 하여금 어떤 장소에서 자석을 다른 곳보다 더 높은 곳에 두고 이런 관점으로 관찰하게 한다면, 지리학을 완성시키기 위해 그리도 열심히 찾고 있는 위도에 대한 정확한 수치를 얻을 수 있으리라는 것이었다.

도리아가 이러한 논리에 대단히 만족하였기 때문에 비코는 그것을 의학에 용도가 닿을 수 있도록 확장시켰다. 왜냐하면 피라미드로 자연을 의미하고자 하였던 바로 그 이집트인들은 그들 특유의 "이완과 수축"이라는 기계론적 치료법을 갖고 있었기 때문이다. 이에 대해서는 대단히 박식한 프로스페로 알피노[34]가 뛰어난 이론과 지식으로 설명한 바 있다. 또한 비코는 데카르트가 정의 내렸던 온기와 냉기를 사용한 의사가 없다는 사실에 주목했다. 데카르트는 냉기가 밖으로부터 안으

34_ 프로스페로 알피노(Prospero Alpino: 1553~1617)는 베네지아에서 1591년에 발간된 『이집트인들의 의학*Medicina aegyptiorum*』의 저자이다. 그는 파도바에 식물원을 갖고 있던 베네지아 출신의 의사이자 식물학자로서 이집트 지역을 여행하고 커피와 바나나처럼 유럽에 소개되지 않은 식물에 대해 글을 썼다.

프로스페로 알피노의 초상화. 베네지아의 의사이자 식물학자였던 알피노는 커피를 유럽에 처음 소개한 인물로도 알려져 있다.

로 들어오는 운동이고, 온기는 역으로 안에서 밖으로 나가는 운동이라고 했다. 비코는 그 위에 의학의 체계 하나를 세우려 한 것이다. 어쩌면 고열은 혈관 속의 공기가 중앙의 심장으로부터 주변부로 움직이면서 건강이 지탱하지 못할 정도로 팽창하여 반대편 즉 외부 끝의 혈관이 막혀버린 것이리라. 반면 한기는 혈관 속의 공기가 외부로부터 안으로 움직이면서 건강이 지탱하지 못할 정도로 팽창하여 반대편, 즉 내부의 혈관이 막혀버린 것이리라. 그러다 보면 운동에 반드시 필요한 공기가 심장에 부족해져 건강을 해치게 되는 것이다. 심장의 운동이

약해짐에 따라 혈액이 응고되고 그것이 고열의 주된 원인이다. 이것이 히포크라테스가 그러한 열의 원인이라고 말했던 "신성한 그 무엇"[35]이었을 것이다. 이것은 자연 전체로부터 이끌어낸 합리적 추론과 일치한다. 냉기와 열기는 모두가 사물의 발생에 도움이 된다. 열기는 곡물의 발아를 촉진시키며 사체에서 벌레를 발생시키는 것은 물론, 어둡고 습한 장소에 사는 다른 동물들도 발생시킨다. 혹서도 혹한과 마찬가지여서 불은 회저壞疽[36]의 원인이 된다. 그래서 스웨덴에서는 얼음으로 회저를 치료한다. 또한 그것은 한기의 증상인 오한과 진땀은 배설 기관을 크게 확장시킨다는 사실과도 일치한다. 고열의 증상인 발열과 피로감은 육체 바깥쪽의 기관에 주름이 잡히고 위축되게 만든다. 그렇다면 라틴어에서 모든 질병을 '룹툼'[37]이라는 포괄적인 속屬으로 환원시키는 것은 이탈리아에 오래전부터 있었던 의료의 관행에서 나온 것이 아니었을까? 그것은 모든 질병이 몸에서 고체의 부분이 상해서 [액체화가 되고] 궁극적으로 라틴어에서 말하는 '부패'[38]에 이르게 된다고

35_ 비코는 라틴어로 "quid divini"라고 표현했다. Hippocrates, *Regimen in acute diseases*, Loeb Classical Library, ed., vol. II.

36_ 원어는 "gangrene"로서 뼈까지 파고 들어가는 심한 종기를 가리킨다.

37_ "ruptum"은 '붕괴하다'라는 뜻의 '룸페레'(rumpere)의 과거분사이다.

38_ "corruptum"은 축어적으로 '함께 붕괴하다' 또는 '모두 붕괴하다'라는 뜻을 갖는다. 즉 부분의 붕괴가 인간의 육체 전체의 붕괴로 이어진다는 뜻으로 받

설명했던 것이다.[39]

이제 비코는 훗날 출판되었던 작은 책에서 설명했던바 그 물리학을 적절한 형이상학 위에 확립시키는 작업에 착수했다.[40] 그는 라틴어의 어원을 찾는 비슷한 방식으로 아리스토텔레스가 잘못 전달했던 제논의 점[41]을 다뤘다. 그는 제논의 점만이 추상적인 사물에서 실체가 있는 사물로 내려올 수 있는 유일한 가설이라는 것을 보여주었는데, 그것은 기하학이 실체가 있는 사물로부터 실체의 원리를 이루는 추상적인 사물로 과학적으로 진전할 수 있는 유일한 길인 것과 마찬가지이다. 점에 대해 아무런 부분도 갖고 있지 않은 것이라고 내리는 정의는 추상적인 연장延長의 무한성에 대해 내리는 정의와 마찬가지인데, 연장이 없는 점이 운동을 함으로써 선 위에 연장을 만들며, 그리하여 발생시킨다고 말할 수 있는 그 운동에 의해 유한한 사물에 형상을 부여하는 무한한 실체가 존재함이 확실한 것이다. 피타고라스는 어떤 면에서는 선보다 훨씬

아들일 수 있다.

39_ 이 논리는 이집트인들의 영향을 받은 피타고라스로 거슬러올라간다.

40_ Ⅱ-주28)을 참고할 것.

41_ 비코의 시대에 제논은 최초의 물질(materia prima)이 더이상 분리될 수 없는 부분으로 구성되어 있다고 가르친 것으로 알려져 있었다. 이에 대해서는 다음을 참고할 것. Robert Flint, *Vico*, (Edinburgh & London, 1884), pp. 115~119.

추상적인 수數로 세계가 구성되어 있다고 말했다. 왜냐하면 1은 숫자가 아니지만 숫자를 발생시키며, 모든 홀수는 더이상 나뉘지 않기 때문이라는 것이다. 그리하여 아리스토텔레스는 나누는 것은 파괴하는 것이기 때문에 본질이란 숫자처럼 더 이상 나뉘지 않는다고 말했던 것이다. 따라서 평등한 점들이 불평등한 연장延長의 선들을 구성하는 것이다. 예를 들면 면의 한 변을 이루는 선도 점들로 이루어져 측정이 불가능하다 할지라도 불평등한 체적을 가진 실체를 구성하는 연장이 없는 실체인 것이다.

이러한 형이상학에서 스토아학파의 논리가 뒤따른다. 그들은 '연쇄식 논리'[42]로 추론하는 법을 배우는데 그것은 기하학적 방법을 사용하는 논리의 방식이다. 신의 완벽성의 상징인 원圓이 최초의 단순한 형상인 것처럼 기하학에서 산출하는 최초의 복합적인 형상이 삼각형이라고 보는 그들의 물리학은 실체가 있는 모든 형상의 원리로서 끝을 상정한다. 이렇듯 우리는 손쉽게 이집트인들의 물리학을 마주치게 되는데, 그들은 네 개의 삼각형으로 구성된 물체인 피라미드가 [물체의] 본질

42_ 원어는 "sorite"로서 그것은 여러 개의 삼단 논법을 이어서 추론하는 방식을 가리킨다. 니콜리니는 그것이 스콜라학파에서 만들어낸 것이 아니라 그들이 완성시킨 것이라고 지적한다. Vico, *Opere*, I, p. 44, n. 1.

이라고 파악했다. 이완과 수축이라는 이집트인들의 치료법도 여기에 부합한다. 이에 대해서 비코는 『동물 신체의 균형에 대하여』[43]라는 제목의 작은 책을 써서 의학의 문제에 대해 그 누구보다도 박식했던 도메니코 다우실리오에게 헌정했다. 또한 그는 이 문제에 대해 루칸토니오 포르지오[44]와 자주 토론을 했는데, 그 결과 이탈리아의 갈릴레오학파의 마지막 철학자인 포르지오는 비코를 높이 평가하여 그가 타계할 때까지 긴밀한 우정을 나누었다. 그가 친구들 사이에서 직접 했던 말들을 빌린다면, 그는 비코의 생각에 깜짝 놀라곤 했다는 것이었다. 그러나 1710년 나폴리에서는 파올로 도리아에게 헌정한 『형이상학』만이 펠리체 모스카 출판사에서 12절판으로 출판되었으며, 그것은 『라틴어 어원으로부터 복구한 고대 이탈리아인들의 지혜』의 제1권이었다. 이 책은 베네지아의 비평가들과 비코 사이에 논쟁을 불러일으켰는데,[45] 그들에 대한 두 차

43_ 『동물 신체의 균형에 대하여*De aequilibrio corporis animantis*』라는 책은 1713년에 출간된 것으로 보이는데, 그 밖의 서지 사항은 불명확하다.

44_ 루칸토니오 포르지오(Lucantonio Porzio: 1631~1723)는 이탈리아의 의사이자 철학자였다. 나폴리 대학교에서 해부학을 가르쳤고 팔라틴 아카데미의 회원이기도 했던 그에 대해서는 1756년에 나폴리의 의사 주세페 모스카(Giuseppe Mosca)가 전기를 썼고, 베네데토 크로체도 다음의 학술지에 그의 약력을 소개한 바 있다. Benedetto Croce, *Quaderni della Critica*, n. 19~20, 1951, pp. 198~201.

45_ 베네지아 출신의 시인 아포스톨로 제노(Apostolo Zeno: 1668~1750)와 그의

례에 걸친 비코의 답변은 각기 1711년과 1712년에 나폴리의 펠리체 모스카 출판사에서 12절판으로 인쇄되었다.[46] 이 논쟁은 양측에 의해 공정하게 다뤄짐으로써 품위 있게 끝을 맺을 수 있었다. 그러나 비코는 문법학적인 어원 추구에 불만을 품기 시작했다.[47] 그 불만이 얼마 뒤 그의 최근 저서에서 언어의 기원을 복구시키려던 시도의 근원이었는데, 그것은 현존하거나 사멸한 모든 언어의 기원을 결정해주는 보편적 언어학의 원리를 확립시키기 위해 모든 언어에 공통적인 본질의 원리를 다루려는 것이었다. 시인들의 신화 속에서 고대인들의 지혜를 추적하려 하였던 베룰람[즉 베이컨]의 책[48]에 대해 크게 만족하지 못했던 것 역시 비코가 최근의 저서에서 그리스인들과 로마인들, 그리고 그 이후의 다른 민족들이 받아들여왔던 것과는 다른 시의 원리를 복구시키려던 시도의 근원을 보여주는 조짐이었다. 비코는 그 위에 신화의 다른 원리를 확립시키려던 것이었는데, 그에 따르면 신화만이 초기의 그리스 국가에 대한 역사적 자료를 간직하고 있다는 것으로서 비코는 그

동생 피에르 카테리노 제노(Pier Caterino Zeno: 연대미상)가 1710년에 발간한 『이탈리아 문인 잡지*Giornale de' letterati d'Italia*』에 익명의 서평이 실렸다.

46_ 비코의 답변은 『비코 전집』 제2권에 수록되어 있다.

47_ 문법학적 어원 추구에 대한 불만은 Ⅳ-주16)을 참고할 것.

48_ Ⅳ-주13)을 참고할 것.

1714년 비코는 합스부르크 제국의 원수였던 안토니오 카라파의 전기 집필을 의뢰받았다. 생업을 놓을 수 없었던 그는 탈고하는 데 2년이 걸렸다.

도움을 받아 귀족 국가의 신화적 역사 전체를 설명하였다.

얼마 뒤 비코는 몇 년에 걸쳐 높은 지식으로 많은 가르침을 주었던 트라에토 공작인 아드리아노 카라파[49]의 요청으로 그의 숙부 안토니오 카라파 원수[50]의 전기 집필을 의뢰받는 영예를 안게 되었다. 진실한 마음을 갖고 있던 비코는 그 요청을 받아들였다. 왜냐하면 공작이 자신이 보관하고 있던 엄청난 양의 신뢰할 만한 좋은 자료들을 제공해주었기 때문이다.[51] 낮에는 업무로 시간을 낼 수 없어서 밤에만 작업을 하다보니 그 일은 2년이 걸렸다. 첫해에는 잡다하게 흩어져 있던 자료에 주석을 달았고, 이듬해에는 그 주석을 엮어 생애사를 정리

49_ 정확하게는 아드리아노 안토니오 카라파(Adriano Antonio Caraffa: 1696~1765).

50_ 안토니오 카라파(Antonio Caraffa: 1642?~1693)는 나폴리 출신으로 합스부르크 제국에서 베오그라드 점령과 같은 전공을 쌓았던 장군이었다.

51_ 그 일은 작고한 카라파 원수의 풍요로운 개인 서가에서 진행될 것이었는데, 그 서가의 일부만이 나폴리 국립문서보관소에 전해져 내려온다.

했다. 이 기간 동안 그는 왼팔에 극심한 신경성 경련을 느끼며 고통을 받았다. 집안일로 방해를 받고 때로 친구들과 담소를 나누면서도, 그는 밤이 되면 아무나 볼 수 있게 책상 위에 주석들을 펼쳐놓고 마치 자국어로 글을 쓰듯 라틴어로 책을 써 나갔다. 여러 난관에도 불구하고 그는 주제에 합당한 예의를 갖추어 공작에게 존경심을 표하면서도 진실은 정당하게 밝히며 그 일을 해냈다. 그 저작은 1716년 펠리체 모스카 출판사에서 한 권의 4절판으로 출판되었다.[52] 그것은 나폴리에서 네덜란드 풍으로 인쇄된 최초의 책이었다. 공작은 이 책을 교황 클레멘트 11세에게 보냈고, 교황은 답신에서 "불멸의 역사"[53]라고 칭찬했다. 게다가 이 책은 가장 뛰어난 이탈리아의 문인 잔빈첸조 그라비나[54]의 높은 평판과 우정까지 비코에게 가져다주었는데, 이후 비코는 그라비나가 사망할 때까지 친밀한 서신을 교환했다.

이 전기를 쓰기 위해 준비하면서 비코는 후고 그로티우스

52_ 그 책의 제목은 『안토니오 카라파의 행적*De rebus gestis Antonii Caraphaei*』이다.

53_ 비코가 손에 쥐었던 책 한 권에는 "불멸의 역사"(storia immortale)와는 달리 "문학의 영원한 기념비"(aeternus literatum monumentis)라는 말이 적혀 있는데, 이것은 같은 책에 대한 칭찬으로 보인다. Vico, *Opere*, I, p. 48, n. 1.

54_ 잔빈첸조 그라비나(Gianvincenzo Gravina: 1664~1718)는 아르카디아 아카데미의 설립자 중 한 사람으로서 이탈리아의 문인이자 법학자였다. 그에 대해서는 다음을 참고할 것. J. G. Robertson, *Studies in the Genesis of Roman-*

의 『전쟁과 평화의 법』[55]을 읽어야 할 필요성을 느꼈다. 그는 자신의 눈앞에 두었던 세 명의 저자에 그로티우스를 네번째로 추가하였다. 플라톤은 호메로스의 민중적 지혜로 자신의 심원한 지혜를 확인하였다기보다는 장식하였다. 타키투스는 자신의 형이상학과 윤리학과 정치학을 아무런 체계도 없이 분산되고 혼돈되어 자신의 시대까지 전해져 내려온 사실들로 채웠다. 베이컨은 자신의 시대의 인간과 신에 대한 지식의 총체가 보충되고 수정되어야 할 필요성을 직시했지만 법과 관련해서는 모든 도시와 모든 시간에, 즉 모든 민족을 포괄하는 자신의 원칙을 지키는 데 성공하지 못했다. 반면 그로티우스는 보편법의 체계 속에서 철학과 문헌학 모두를 포용한다.[56]

tic Theory in the Eighteenth Century, 특히 제2장.

55_ 후고 그로티우스(Hugo Grotius: 1583~1645)는 네덜란드의 법학자이다. 네덜란드 사람이라는 이유로 그의 이름을 '휘고 흐로티위스'와 같은 방식으로 표기하는 경우가 있으나, 본서에서는 그의 이름을 '후고 그로티우스'로 표기한다. 그 이유는 본디 그의 이름은 '휘호 더 흐로트'(Hugo de Groot) 정도로 발음이 되는데, '후고 그로티우스'는 그것을 라틴어화한 이름이기 때문에 다시 네덜란드어의 발음을 따를 필요가 없다고 생각하기 때문이다. 1635년에 간행된 그의 저서 『전쟁과 평화의 법*De jure belli ac pacis*』은 전쟁에서도 지켜야 할 국제법의 기준을 확립시켰다고 일컬어진다. 비코는 『새로운 학문』에서 영국의 존 셀든(John Selden: 1584~1654), 독일의 자무엘 폰 푸펜도르프(Samuel von Pufendorf: 1632~1694)와 함께 "자연법의 3대 제왕"으로 위치시키고 있다. 비코는 이 책을 1708년에 읽은 바 있지만 1715년에 다시 찾아 읽은 것이라고 니콜리니는 밝힌다. Vico, *Opere*, I, p. 48, n. 3.

56_ 비코는 『새로운 학문』에서 철학과 문헌학을 대비시키며 올바른 학문은 그 둘의 기준을 모두 만족시켜야 한다고 주장한다. 비코에 따르면 문헌학이란 인간

그는 문헌학을 이루는 두 부분인 역사와 언어에 모두 능통했는데, 실제의 역사이건 신화의 역사이건 사실과 사건을 다루는 역사는 물론 기독교에 의해 우리에게 전해져 내려오는 고대의 가장 수준 높은 세 언어였던 히브리어와 그리스어와 라틴어를 잘 알았던 것이다. 또한 비코는 그로티우스의 이 저작의 새로운 판본을 위해 주석을 달아달라는 부탁을 받음으로써 그 저작을 더 깊이 탐사할 기회를 가졌다. 그 일을 하면서 비코는 그로티우스가 아니라 그로노비우스[57]의 주석을 수정했다. 그로노비우스의 주석은 그 책을 정당하게 평가하기보다는 자유 정부를 만족시키려는 것처럼 보였다. 비코는 제1권을 마치고 제2권에 대한 작업이 절반 정도 진행된 상태에서 중단했는데, 이교도[58] 작가의 저작에 주석으로 치장을 하는 것이 가톨릭 신앙을 가진 사람에게는 어울리지 않다는 데 생각이 미쳐서였다.

의 임의적인 선택에 의존하는 모든 것에 대한 학문으로서, 예컨대 언어와 관습의 역사는 물론, 전쟁과 평화의 시기에 사람들이 하는 행동의 모든 역사를 다룬다. 반면 철학은 보편적으로 통용될 수 있는 개념에 대해 다루는 학문이다.

57_ 요한 프리드리히 그로노비우스(Johann Friedrich Gronovius: 1611~1671)는 독일의 사서이자 비평가이자 고전학자였다. 그는 리비우스, 타키투스와 같은 사람들의 저작을 편집하며 주석을 달았는데, 1660년에는 그로티우스의 『전쟁과 평화의 법』에 주석을 붙인 판본을 출간하기도 했다.

58_ 개신교도를 가리킨다. 그로티우스는 개신교도였다.

V

비코 철학의 결정적인 형태와 1723년의 공채

(1717~1723)

이러한 공부와 이러한 인식과 어느 누구보다도 찬양했던 이 네 명의 저자와 가톨릭 종교에 기여하고 싶다는 간절함과 더불어 비코는 마침내 최고의 철학, 즉 플라톤의 철학을 기독교 신앙에 종속시키려고 고안된 체계가 문필의 세계에 없다는 사실을 인식하게 되었다. 그 철학은 문헌학과 조화를 이루며, 그 문헌학은 언어의 역사와 사물의 역사라는 두 분야에서 학문적 필연성을 지니는 것이었다. 즉 사물의 역사를 참조함으로써 언어의 역사에 확실성을 부여하고 학문의 현인들의 금언과 정치 세계[1]의 현인들의 실천이 조화를 이루도록 만들어야 하는 것이었다. 이것을 깨달음으로써 비코는 최초의 연

1_ 원어는 "repubbliche"이다. 따라서 '국가'나 '공화국'으로 옮기는 것도 가능하겠지만, 문맥에서는 일반적인 의미에서 현실에 참여하는 정치인들의 실천을 뜻하기에 이렇게 옮겼다.

례 연설에서 어렴풋이 추구했고 논문 『우리 시대의 연구 방법에 관하여』에서 거칠게나마 윤곽을 잡았으며 『형이상학』[2]에서 조금 더 구체화시켰던 생각을 한층 명료하게 정립할 수 있었다.

그리하여 그는 1719년의 엄숙한 연례 연설[3]에서 다음의 논지를 제시했다. "모든 신적인 지식과 인간적인 지식은 '인식, 의지, 능력'[4]이라는 세 가지 요소를 갖는다. 그것의 유일한 원리는 이성을 눈으로 갖고 있는 정신인데, 신이 그것에 영원한 진리의 빛을 부여했다."[5] 그 논지는 다음과 같이 세분된다. "우리가 살아 있다고 확실하게 알고 있는 것만큼이나 확실하게 존재하며 우리의 내부에 있는 그 세 가지 요소에 대해 우리가 결코 의심할 수 없는 한 가지, 즉 생각을 예로 들어 설명하도록 하자. 한층 쉽게 설명하기 위해 나는 이 연설 전체를 세 부분으로 나누겠다. 첫째, 모든 학문의 원리는 신으로부터 온다. 둘째, 앞서 설명했던 세 가지 요소에 의한 영원한 진리의 신성

2_ Ⅱ-주28)를 참고할 것.

3_ 이 연설은 오늘날 전해지지 않지만 『보편법의 한 가지 원리와 그 목적에 대하여』의 부록과 그 서문에서 일부를 확인할 수 있다.

4_ 그 세 가지의 라틴어는 "nosse, velle, posse"이다. 이것은 성아우구스티누스가 『삼위일체론*De trinitate*』에서 밝힌 인식론과 유사한 것이다.

5_ 영국의 시인이자 문학비평가 새뮤얼 테일러 콜리지(Samuel Taylor Coleridge: 1772~1834)는 이 구절을 자신의 대표적인 신학 저서 『성찰에 대한 도움*Aids to Reflection*』에 인용했다.

한 빛은 모든 학문에 스며들어 그들 서로 간에 긴밀하게 결합되는 순서에 따라 처리하며 그들의 근원으로서 신에게 연결시킨다. 셋째, 신과 인간에 대한 지식의 원리에 대해 지금까지 그 어떤 것이 씌어져왔고 말해져왔든 그것이 [신으로부터 온] 그 원리와 일치하면 옳고 일치하지 않으면 그르다는 것을 논증하도록 하자. 게다가 신과 인간의 일들에 대한 지식과 관련된 세 가지의 추가적인 문제도 여기에서 다룰 것이다. 그것은 기원과 순환과 일관성[6]의 문제이다. 즉 나는 모든 일의 기원은 신으로부터 비롯되며, 모든 것은 원처럼 신으로 돌아가며, 모든 것이 신 안에서 일관성을 갖기 때문에 신과 분리되어서는 어두움과 과오만 남을 것임을 보일 것이다." 그는 한 시간 남짓 이 논지에 대해 이야기를 이어갔다.

어떤 사람들에게 특히 이 논지의 세번째 부분은 실효성의 문제를 떠나 장엄한 것이었다. 그들은 피코 델라 미란돌라가 "알 수 있는 모든 것에 대한 결론"[7]을 제시하겠다고 하였을 때조차 그 정도의 부담을 떠맡지는 않았다고 말했던 것이다. 왜냐하면 피코가 그 알 수 있는 모든 것에서 크고 중요한 부분

6_ 본문의 라틴어는 "constantia". 이 말은 '지속성' 또는 '일관성'을 가리킨다.
7_ Ⅲ-주2)를 참고할 것. 그는 스물셋의 나이로 철학과 신학과 과학에 관한 900개의 논제를 제시하고, 유럽의 어느 학자라도 로마로 와서 공개적으로 토론을 벌인다면 모든 비용을 대겠다고 언명한 적이 있었다.

"알 수 있는 모든 것에 대한 결론"을 제시하겠다고 선언했던 르네상스시대의 학자 피코 델라 미란돌라.

을 빠뜨렸기 때문인데, 그것은 종교, 언어, 법, 관습, 소유권, 교역, 주권, 통치, 계급 등등 그 출발점이 불완전하고 모호하고 비합리적이고 믿기 어려워 학문의 원리로 환원시킬 가망이 없는 무수히 많은 문제를 다루는 문헌학을 다루지 않았다는 것을 의미한다.[8] 그리하여 비코는 그러한 체계를 산출하는 것이 가능함을 증명하려는 생각에 시간을 들여 1720년에는 이탈리아와 알프스 이북의 학자들의 수중에서 돌아다니던 시론[9]

8_ Ⅳ-주56)을 참고할 것. 단순하게 말해서 피코 델라 미란돌라가 역사의 문제는 다루지 않았다는 것이다. 따라서 비코가 그 문제를 해결한다면 그는 진정 "새로운 학문"을 확립하리라는 것이다.

9_ 본디 제목이 없이 출간되었던 이 시론은 오늘날 『보편법 개요*Sinopsi del Dir-*

을 발표했다. 어떤 사람들은 이에 대해 부정적인 반응을 보였다. 그러나 이후 그 시론이 대단히 학식 높은 문인들에게 정당한 평가를 받으며 출판되자[10] 더이상 그런 말이 나오지 않았으므로 그것을 여기에서 언급할 필요는 없다. 이탈리아의 보배였던 안톤 살비니[11]는 황송하게도 문헌학적인 난점 몇 가지를 지적했다.[12] 그 사실은 프란체스코 발레타[13]에게 보낸 편지를 통해 비코에게 전달되었는데, 발레타는 대단히 학식이 높은 사람으로서 할아버지 주세페[14]가 물려주었던 저명한 발레타 도서관[15]에 걸맞은 유산 상속자였다. 비코는 이에 대해 「문헌학의 일관성에 대하여」[16]을 통해 정중하게 답례했다. 철학

itto universale』라는 제목으로 알려져 있다.

10_ 두 권으로 나뉘어 각기 1720년 8월과 1721년 8월에 출판되었다. 제1권은 『보편법의 한 가지 원리와 그 목적에 대하여De universi iuris uno principio et fine uno』 제2권은 『법학자의 일관성에 대하여*De constantia iurisprudentis*』이다. 관례적으로 이 둘을 합해 『보편법』이라고 부른다.

11_ 안톤 마리아 살비니(Anton Maria Salvini: 1653~1729)는 피렌제에 거주하던 고전학자로서 그리스어를 가르쳤다.

12_ 니콜리니는 그가 특히 지적하였던 것이 "아레오파고스"(areopagus)라는 단어의 어원에 대한 비코의 설명이었다고 밝힌다. Vico, *Opere*, I, p. 51, n.6.

13_ 프란체스코 발레타(Francesco Valletta: 1680~1760)는 나폴리 왕국의 고위 공직자이자 고고학자였다.

14_ 주세페 발레타(Giuseppe Valletta: 1636~1714)는 나폴리의 철학자이자 법학자로서 비코가 어린 시절에 관여했던 인베스티간티(Investiganti) 아카데미의 창립자 중 한 사람이기도 하다. I-주14)를 참고할 것.

15_ 1727년 오라토리오 수도회의 도서관에서 이 장서들을 구입하였다.

16_ 「문헌학의 일관성에 대하여*De constantia philologiae*」는 『법학자의 일관성에 대하여』의 제2부이다. V-주10)을 참고할 것.

과 관련된 다른 반론은 독일에서 저명한 학자인 울리히 후베르[17]와 크리스티안 토마시우스[18]에 의해 제기되었는데, 그것은 루트비히 폰 겜밍엔 남작[19]에 의해 비코에게 전달되었다.[20] 그러나 비코는 저작 자체에서 이미 그에 대한 대답을 제시했다고 생각했고, 그것은 『법학자의 일관성에 대하여』의 마지막 부분에서 확인할 수 있다.

1720년 4절판으로 펠리체 모스카 출판사에서 『보편법의 한 가지 원리와 그 목적에 대하여』라는 제목으로 제1권이 나와 1719년 연례 연설의 제1부와 제2부를 논증하자 그가 모르던 비평가들의 반론이 그의 귀에 들려왔고 다른 어떤 사람들은 직접 전달하기도 했다. 그러나 반론 중 어떤 것도 그의 체계 자체를 침해하지 못했다. 대부분이 사소한 사실에 대한 비판이었을 뿐이며, 그조차도 비코가 반박하려 했던 오래된 견해에 따르는 것이었다. 그리하여 비코는 단지 그 비판자들을

17_ 울리히 후베르(Ulrich Huber: 1636~1694)는 네덜란드의 위대한 법학자로서 프라네케르 대학에서 법학을 가르쳤다.

18_ 크리스티안 토마시우스(Christian Thomasius: 1655~1728)는 라이프치히 출신의 독일 법학자로서 할레 대학교의 창립에 기여했다.

19_ 루트비히 폰 겜밍엔(Ludwig von Gemmingen zu Hornberg: 1694~1771)은 독일의 정치가였다.

20_ 그러나 이 후베르는 이미 1694년에 사망하였다. 또한 겜밍엔이 전달했다는 편지에서는 그들의 저작만을 나열했을 뿐 비코에 대한 비판을 찾아볼 수 없다. 이 편지는 니콜리니와 크로체가 공동으로 편찬한 라테르자 판본의 『비코 전집』 제5권에서 확인할 수 있다.

적으로 가정하고 논박하는 것처럼 보이지 않도록 하기 위해 그가 다음으로 출판한 책 『법학자의 일관성에 대하여』에서 그 비판자들의 이름을 거명하지 않았다. 혹시라도 그 책이 그들의 수중에 들어갈 경우 그들이 홀로 은밀하게 자신들의 비판에 대한 답변이 되었다는 것을 이해하도록 만들기 위해서였다. 그렇게 1721년에 4절판으로 펠리체 모스카 출판사에서 『법학자의 일관성에 대하여』라는 제목의 책이 나왔다. 둘로 나뉜 그 책의 제1부는 「철학의 일관성에 대하여」, 제2부는 「문헌학의 일관성에 대하여」이다. 어떤 사람들은 "새로운 학문이 시도되고 있다"[21]는 제2부의 한 장절 제목에 불만을 품었다. 여기에서 비코는 문헌학을 학문의 원리로 환원시키기 시작하였던 것이다. 그런데 사실상 비코가 연례 연설의 세번째 부분에서 했던 약속은 철학의 측면은 물론 문헌학의 측면에서도 결코 공허한 것이 아니었다. 게다가 이러한 체계 위에서 많은 중요한 발견이 새롭게 이루어졌는데, 그것은 지금까지의 모든 학자들의 견해와 대단히 거리가 먼 것이었다. 따라서 그 저작은 이해가 불가능하다는 것 외에는 다른 반박을 당하지 않았다. 그러나 그 도시 나폴리의 학식 높은 사람들은[22] 그 책이

21_ "Nova scientia tentatur"가 본래의 라틴어 장절 제목이다.
22_ 찬사를 보냈던 인물 중 한 사람이 카푸친 수도회 소속의 베르나르도 마리아

대단히 잘 이해가 된다고 세상에 알리면서 공개적으로 확인했고 장중하고 설득력 있는 찬사를 보냈다. 그들의 찬사는 책 속에서 읽을 수 있다.

이 무렵 비코는 장 르클레르크[23]로부터 다음과 같은 편지를 받았다.[24]

뛰어난 귀하여, 며칠 전 고명하신 빌덴슈타인 백작의 관리로부터 법의 기원과 문헌학에 관한 당신의 저작이 제게 전달되었습니다. 당시 저는 위트레흐트에 있었지만 그 책을 간략하게나마 펼쳐볼 시간이 없었습니다. 왜냐하면 저는 사업상의 어떤 일로 말미암아 곧 암스테르담으로 돌아가야 했고, 그 뒤에야 그

자코(Bernardo Maria Giacco: 1672~1744) 신부였다. 뛰어난 연설가이기도 한 자코는 비코와 친밀한 편지를 교환했는데, 그중 하나는 잘 알려져 있다. 『새로운 학문』 초판본이 나온 뒤 비코는 사람들이 이 책을 언급하지 않아 마치 "사막에 버려진 것 같다"는 느낌을 토로한 바 있는데, 그것이 1725년 10월 25일 자코 신부에게 보낸 편지였다. 그 밖에도 비코를 칭찬했던 인물은 조반니 키아이에세(Giovanni Chiaiese), 아니엘로 스파뉴올로(Aniello Spagnuolo), 비아조 가로팔로(Biagio Garofalo) 등을 포함한다. 키아이에세와 스파뉴올로에 대해서는 다음을 참고할 것. Barbara Ann Naddeo, *Vico and Naples: The Urban Origins of Modern Social Theory*, Cornell University Press, 2011. 가로팔로에 대해서는 다음을 참고할 것. Harold Samuel Stone, *Vico's Cultural History: The Production and Transmission of Ideas in Naples, 1685~1750*, E. J. Brill, Leiden, Netherlands, 1997.

23_ Ⅱ-주22)를 참고할 것.

24_ 이 편지는 일부를 발췌한 것이다. 그 전체는 본 번역의 저본이 된 『비코 전집』 제1권에서 확인할 수 있다.

투명한 샘에 몸을 담글 시간을 가질 수 있었기 때문입니다. 그렇지만 저는 철학은 물론 문헌학에서도 많은 경탄할 만한 점들을 한눈에 알아볼 수 있었습니다. 그리하여 저는 이곳 북유럽의 학자들에게 그들에 못지않은 통찰력과 지식이 이탈리아인들에게도 있다는 것을 보여줄 기회를 갖게 되었습니다. 실제로 추운 풍토의 거주자들로부터 기대할 수 있는 것보다 훨씬 더 박학하고 예리한 것들을 이탈리아인들이 말했습니다. 저는 내일 위트레흐트로 돌아가 암스테르담보다 방해를 덜 받는 그곳에 몇 주 머물면서 그 휴식 기간에 당신의 저작을 충실하게 즐기려 합니다. 제가 귀하의 생각을 충실하게 파악했다는 생각이 들면 저는 『고대와 근대의 도서』[25] 제18권의 2부에 제가 그것을 얼마나 높이 평가하는지 쓰려고 합니다. 평안하시길, 뛰어난 귀하여. 귀하의 탁월한 학식을 정당하게 평가하는 사람 중의 하나로 저를 꼽아주시기 바랍니다. 암스테르담에서 급하게 썼습니다. 1722년 9월 8일.

이 편지는 비코의 저작을 우호적으로 바라보던 사람들을 즐겁게 했던 반면 반대의 견해를 갖던 사람들에게는 만족스

25_ 『고대와 근대의 도서*Bibliothèque Ancienne et Moderne*』는 르클레르크가 주관하던 잡지였다.

저명인사였던 장 르클레르크의 호의적인 논평은 비코에게 위안이 되었다.

럽지 못했다. 그리하여 비우호적이었던 사람들은 르클레르크가 사적으로 의례적인 칭찬을 한 것에 불과하다고 스스로를 납득시키며 르클레르크가 『고대와 근대의 도서』에 쓴 공식적인 비판이 나오자 자신들도 그 책에 합당한 그런 공정한 평가를 내릴 것이라고 말했다. 그들은 비코의 책 때문에 르클레르크가 거의 50년에 걸쳐 해왔던 말을 철회하는 것은 불가능하리라고 말했던 것이다. 르클레르크는 이탈리아에서 나온 책들이 창의성과 지식에 있어 알프스 이북에서 나온 책들과 비교될 수 없다고 말해왔던 것이다. 한편 비코는 저명인사의 높은 평가를 사랑하긴 하지만 그것을 자신의 목적이나 목표로 삼지는 않겠다는 것을 세상에 확인시키려 했다. 그는 호메로스의 양대 서사시[26]를 자신의 문헌학의 원리에 견주어 읽었다. 또한 그가 고안해낸 신화에 대한 어떤 전범을 따라 그는 지금까지 사람들이 고찰해왔던 것과는 다른 측면을 이 서사시들에 부여하였다. 그리하여 바로[27]의 구분에 따라 암흑시대와 영웅시대의 그리스 역사의 두 집단을 호메로스가 얼마나 신성하게 엮어냈는지 보였던 것이다. 그는 호메로스에 대한 이러한 해석은 물론 신화에 대한 자신의 전범을 다음해인 1722년에 모스카 출판사에서 4절판으로 출판했다. 제목은 『"보편법"과 "법학자의 일관성"이라는 두 책에 대한 잠바티스타 비코의 주석』이었다.[28]

얼마 뒤 "아침의 시민법 강좌"[29]가 공석이 되었는데 그것은

26_ 물론 『일리아스』와 『오디세이아』를 가리킨다. 훗날 비코는 『새로운 학문』의 제3권 "참된 호메로스의 발견"에서 그 서사시들을 역사적 자료로 읽는 방법을 통해 귀족 국가 시대 고대 그리스의 역사를 풀어낸다.

27_ 마르쿠스 테렌티우스 바로(Marcus Terentius Varro: 116~27 BC)는 고대 로마에서 최고로 박식한 학자로 알려져 있지만, 그의 저작은 단 하나만이 전해져 내려온다. 그는 로마시대의 역사를 자신의 시대에 이르기까지 연도별로 기록한 연대기를 남겼고, 약간의 오류가 있기는 하지만 대체적으로 정설로 받아들여지고 있다. 소실되었지만 일부가 성아우구스티누스의 『신국』을 통해 전해지는 그의 저작 『신적인 것과 인간적인 것에 대한 고사*Antiquititates rerum divinarum et humanarum*』에서 그는 역사를 '암흑시대', '신화의 시대', '역사의 시대'로 나누고 있다.

28_ 비코는 르클레르크에게 이 책을 한 부 보냈다.

29_ "Diritto civile della mattina".

"저녁의 시민법 강좌"[30]보다 낮긴 했지만 연봉이 600스쿠도였다. 이 자리를 차지하려는 비코의 희망은 특히 법학의 문제에서 이루었던 앞서 언급한 성취에 의해 고무되어 대학교 내부에서의 승진을 위해 준비했다. 게다가 그는 그 자리를 추구하는 모든 사람들 중에서 가장 나이가 많았다. 그만이 카를로스 2세의 임명장을 받았고[31] 다른 모두는 더 늦게 임명되었던 것이다. 또한 그는 자신의 고향에서 유지해왔던 삶에 대한 확신도 있었다. 그곳에서 그는 자신의 재능을 갖고 모든 사람을 존중하며 누구에게도 해를 끼치지 않았다. 관례대로 공모를 위한 강의 전날[32] 『고 학설휘찬』[33]이 펼쳐지고 추첨에 의해 다음의 세 법조문이 비코의 몫으로 결정되었다. 첫번째는

30_ Ⅳ-주10)을 참고할 것. 이 직책의 연봉 1,100스쿠도와 이번에 응모하게 된 "아침의 시민법 강좌"의 600스쿠도에 비해 수사학 교수로서 비코의 연봉은 100스쿠도에 불과했다.

31_ 비코는 1699년에 수사학 교수 임명장을 받았고, 카를로스 2세는 1700년에 사망했다.

32_ 1723년 4월 10일이었다. 학장 빈첸조 비다니아를 위시하여 29명으로 구성된 법학 위원회에서 이 행사를 거행했다. 비다니아에 대해서는 Ⅳ-주4)를 참고할 것.

33_ 『학설휘찬*Digest*』은 유스티니아누스 대제가 제정한 『로마법대전*Corpus Juris Civilis*』의 일부로서 고대 이래의 법학 저술을 시대 순으로 발췌해 50권으로 엮은 것이다. 스콜라학파에서는 그것을 시대별로 "고", "중", "신"의 셋으로 나눴다. 『고 학설휘찬』은 1권부터 24권의 2장까지를 포괄하고 있다.

"물건 반환 소송에 대하여"[34]라는 제목[35] 아래의 법조문, 두 번째는 "자금에 대하여"[36]라는 제목 아래의 법조문, 세번째는 "포고된 말에 대하여"[37]라는 제목 아래의 첫번째 법조문이었다. 그 셋은 모두 판례로 가득 차 있었고, 비코는 학장인 참사관 비다니아에게 자신이 아직 법학을 가르쳐본 적은 없지만 이 시험에 응할 즉각적인 준비가 되어 있다는 것을 보이기 위해 24시간 뒤에 있을 강의에서 사용할 문제를 선정해주는 영광을 달라고 부탁했다. 학장이 그 부탁을 거절하자 그는 스스로 세번째의 문제를 택했다.[38] 그는 그 문제가 모든 법학자들 중에서도 가장 높은 인식을 갖고 있던 파피니아누스[39]로부터 온 것으로서 그것은 법학에서 잘 수행하기가 가장 어려운 과업인 법률 용어의 정의와 관련되었기 때문이라고 말했다. 그는 단지 성급하고 무지한 사람만이 비코가 그 문제를 선택했다고 비난할 것이라고 예견했다. 왜냐하면 그들이 보기에 그

34_ "De rei vindicatione".

35_ 50권에 이르는 『학설휘찬』은 각 권이 수많은 제목들로 분류되어 있으며 다양한 판례를 담고 있다.

36_ "De peculio".

37_ "De praescriptis verbis".

38_ *Digest*, XIX. 5. 1. 다른 두 문제는 각기 *Digest*, VI. 1과 *Digest*, XV. 1이다.

39_ 아이밀리아누스 파피니아누스(Aemilius Papinianus: 142~212)는 고대 로마에서 많은 존경을 받던 법학자였다. 그는 『학설휘찬』에서 울피아누스(Gnaeus Domitius Annius Ulpianus: 170?~223) 다음으로 많이 인용되었다.

렇게 어려운 주제를 선택했다면 꾸중을 들어야 마땅했기 때문이다. 실로 퀴자스[40]는 『학설휘찬 주해』의 추가 조항[41]에서 법률 용어에 정의를 내린 뒤 의기양양하여 모두에게 와서 배우라고 말했을 정도였다. 그가 파피니아누스를 로마법에 대한 제왕이라고 꼽았던 것은 그가 누구보다도 정의를 잘 내려 그를 능가하여 법학에 대한 정의를 제공한 사람이 없었기 때문이었다.

다른 경쟁자들은 비코를 좌초시킬 암초로서 네 가지 사실에 그들의 희망을 걸었다. 그들 모두는 비코가 내심 대학교에 큰 기여를 했다고 생각하여 그에 대해 장황하고 허황된 장광설로 강의를 시작할 것이라고 확신했다. 그중 일부는 실제로 그럴 것이라 생각하여 그가 자신의 『보편법의 원리』를 교재로 삼아 논리를 펼칠 것이며, 따라서 법률학의 공개 강의의 원칙을 깨뜨려 청중의 항의를 불러일으킬 것이라고 예견했다. 젊은이들을 가르칠 수 있는 능력을 가진 사람만이 대학교의 교수가 될 수 있다고 믿은 대다수는 비코의 강의 교재가

40_ 자크 퀴자스(Jacques Cujas: 1522~1590)는 프랑스의 법학자로서 로마법에 대한 중세식의 주석 작업을 부정하면서 법 자체의 텍스트를 정확하게 밝히고 그 사회적 맥락을 확인하는 작업에 집중한 프랑스의 '모스 갈리쿠스'(mos gallicus) 학파의 대표자이다.

41_ 『학설휘찬 주해*Paratitla in libros quinquaginta Digestorum sive Pandectarum*』, 1569. "추가 조항"은 "De codicillis".

프랑스의 법학자 프랑수아 오트망은 개신교로 개종하면서 가톨릭교회와 왕권을 공격했다. 공개 강의의 경쟁자들은 비코가 오트망을 자신의 논지의 근거로 삼을 거라 예상하며 그의 실패를 점쳤다.

박학함으로 가득한 오트망[42]이 논했던 것이었기 때문에 자신의 논지의 근거를 오트망으로 삼을 것이라고 예상했다. 그렇지 않다면 파브르가 이전의 해석자들을 모두 공격했고 그에 대해 아무런 반론이 없었기 때문에 비코가 자신의 강의를 파

42_ 프랑수아 오트망(François Hotman: 1524~1590)은 프랑스 파리 출신의 개신교도 법학자로서 절대왕정에 반대하는 투쟁을 벌인 것으로 유명하다. 그의 대표작 『프랑코갈리아*Francogallia*』(1573)는 프랑스 제도의 기원에 대한 역사적 연구이다. 오트망은 개신교로 개종하면서 가톨릭교회와 왕권을 공격했기 때문에 그를 옹호하는 강의를 한다면 비코에게 해가 될 것이라고 예상했다는 것이다.

브르[43]로 채우거나 아니면 최소한 그를 공격하지는 않을 것이라 예상했다. 그러나 비코의 강의는 이러한 모든 예상과 달랐다. 먼저 그는 간략하고 장중하고 감동적인 도입부로 시작했다. 다음으로 자신이 선택한 법조문의 서두를 낭독한 뒤 자신의 강의를 거기에만 한정시켜 다른 문장은 배제했다. 다음으로 요약과 전체적인 윤곽을 제시한 뒤 법조문의 단어를 하나하나 해석해 나아갔다. 이것은 그 같은 공개 강의에서는 새로운 것이었지만 로마법 학자들 사이에서는 익숙한 일이었다. 왜냐하면 그 법학자들은 언제나 "법이 말하기를," "원로원의 포고령이 말하기를," "법무관이 말하기를"과 같은 말들을 반복했기 때문이다. 비코는 "법학자가 말하기를"이라는 비슷한 틀을 사용했다. 그것은 공개 강의에서 자주 일어나는 일이지만 아무리 미세하게라도 원 교재로부터 벗어나는 말을 하는 일이 많은데, 그것을 피하기 위함이었다. 단지 무지하고 사악한 사람들만이 법조문의 서두부터 강의를 시작했다고 비난할 수 있었다. 왜냐하면 『학설휘찬』은 스콜라철학의 관례적인 방법에 따라 구성된 것이 아니었기 때문이다. 파피니아누스가 그

43_ 앙투안 파브르(Antoine Favre: 1557~1624)는 프랑스의 법학자로서 『파피니아누스 법학*Iurisprudentiae papinianeae scientia*』(1607)의 저자이다. 법에 대한 이전의 권위를 부정한 파브르를 옹호한다 하여도 비코에게 도움이 되지는 않았을 것이라는 예상이다.

서두에 나온다 할지라도 그것은 여기에서 다룬 문제를 다른 용어와 다른 의미로 정의를 내리는 다른 법학자가 될 수도 있었다. 그는 단어에 대한 해석으로부터 파피니아누스의 정의가 갖는 의미를 이끌어냈고, 그것을 퀴자스와 관련시켜 예증하였으며, 그것이 어떻게 그리스의 해석자들의 정의와 일치하는지 보였다. 곧 그는 파브르를 다루면서 먼저 아쿠르시우스[44], 다음으로 파올로 디 카스트로[45], 다음으로 알프스 이북의 해석자들[46], 그리고 마지막으로 안드레아 알차토[47]를 향한 파브르의 비난이 사소하고 흠이나 잡으려 하며 허황됨을 보여주었다. 그는 파브르의 공격을 받은 사람들의 목록에서 오트망을 퀴자스 앞에 언급했지만 결국은 오트망을 깜빡 잊고는 알차

44_ 아쿠르시우스(Accursius: 1182?~1263)는 볼로냐 대학교의 교수로서 『로마법대전』에 주석을 단 것으로 유명하다.

45_ 파올로 디 카스트로(Paolo di Castro: 1360?~1441)는 피렌체, 볼로냐, 파도바에서 가르쳤던 법학자로서 『학설휘찬』에 주석을 단 것으로 알려져 있다.

46_ 몽펠리에학파에 반대하여 오를레앙에서 가르쳤던 프랑스의 법학자들을 가리킨다. 뛰어난 토론자로 유명했던 자크 드 레비니(Jacques de Révigny: 1230?~1296), 피에르 드 벨페르슈(Pierre de Belleperche: 1230?~1308) 주교 등을 포함하는데, 문제는 이들의 활동 시기가 파올로 디 카스트로보다 앞섰다는 것이다.

47_ 안드레아 알차토(Andrea Alciato: 1492~1550)는 이탈리아에서 태어났지만 16세기 초에 프랑스에 정착하여 고대의 역사와 언어와 문학을 통해 법을 해석하려고 시도했다. '알차티'(Alciati)라는 이름으로 통용되기도 하는 그에 대해서는 다음을 참고할 것. Donald Reed Kelley, *Foundations of modern historical scholarship: language, law, and history in the French Renaissance* (Columbia University Press, 1970). 특히 pp. 87~115.

토 다음에 퀴자스를 옹호했다. 자신이 저지른 실수를 깨달은 비코는 다음과 같은 말을 덧붙였다. "기억력이 쇠퇴하여 퀴자스 앞에 오트망을 위치시켰음을 깨달았습니다. 이제 퀴자스가 해방되었으니 이제 파브르로부터 오트망을 구하겠습니다." 이렇게 비코는 공개 강의에서 이길 희망을 오트망에게 걸었던 것이다! 그리하여 마침내 그가 오트망에 대한 옹호를 마치자 강의 시간이 끝났다.

그는 전날 저녁부터 새벽 다섯 시까지 강의에 대해 생각했다. 언제나 그랬던 것처럼 읽거나 쓰거나 명상하거나 그 모든 것은 친구들과의 대화와 자식들의 소란법석 속에서 이루어진 일이었다. 그는 강의의 소제목들만을 한 페이지에 적을 수 있도록 정리한 뒤 마치 그가 삶을 통틀어 그것만을 가르쳤던 것처럼 두 시간 이상을 더 진행하더라도 충분할 정도의 충실성을 갖고 손쉽게 강의했다. 그는 그리스어의 전문 용어를 포함하여 대단히 수준 높고 우아하게 법을 표현하였는데 실로 스콜라학파식의 표현이 요구되었을 때조차 그는 그 야만적인 용어보다는 그리스의 용어를 선택했다. 한번은 '프로게그람메논'[48]이라는 단어가 갖는 곤란성 때문에 잠시 머뭇거렸지만,

48_ "프로게그람메논"(ϖρογεγρμμένων)이라는 단어는 라틴어의 "프라이스크립티스"(praescriptis)에 해당하는 단어로서 '고시된 법령'을 뜻하는데 이탈리아

곧 다음과 같이 덧붙였다. "제가 잠시 멈칫한 게 놀랄 일은 아닙니다. 왜냐하면 그 단어의 '안티투피아'[49]가 저를 멈칫하게 만들었기 때문입니다." 많은 사람들의 눈에는 그가 일부러 당황한 것처럼 보인 것이 그리도 능숙하고 우아한 그리스어를 과시하기 위한 행동으로 비쳤다. 다음날 그는 자신이 행했던 강의의 원고를 필사하여 배포했다. 그는 니콜로 카라비타[50]의 자랑스러운 아들이자 이 심사위원회의 수석 변호사인 도메니코 카라비타[51]에게도 한 부를 보냈다. 그는 공개 강의에 참석하지 못했기 때문이었다.

비코는 단지 자신의 성과를 드러내는 공개 강의였으므로 이렇게 해도 무방하리라 생각했다. 강의 뒤에 이어진 대다수의 박수갈채는 그가 그 자리를 차지하는 것이 거의 확실하다는 희망을 갖게 만들었기 때문이다. 그러나 그는 곧 불행한 결과를 통고받았다. 그것은 사실상 그 자리를 얻기 위해 갓 졸업한 사람들의 면전에서 이루어진 일이었다. 그것은 그를 지

말로 옮기기에는 난점이 따른다.

49_ 여기에서도 비코는 그리스 단어를 사용했다. "안티투피아"(ἀντιτυπία)는 '난감함' 정도의 뜻을 갖는다.

50_ Ⅲ-주25)를 참고할 것.

51_ 도메니코 카라비타(Domenico Caravita: 1670~1770)의 어머니는 줄리아 디 카푸아(Giulia di Capua)였다. 확인이 된 것은 아니지만 아버지 니콜로가 추종하였던 리오나르도 디 카푸아 가문 출신일 것으로 사료된다.

지하였던 명민한 사람인 도메니코 카라비타의 조언과 권위에 따라 이행되었는데, 비코는 위엄을 갖추고 공개 경쟁에서 사퇴한다고 선언했다. 그것은 그가 다른 응모자들처럼 돌아다니면서 지지를 애걸한다거나 하는 일들을 하지 않았기 때문에 우아함을 과시하려 한다거나 오만하다는 비난에 노출되는 것을 막기 위해서였다.[52]

52_ 결국 이 공개 모집은 두 명의 응모자의 대결로 압축되었다. 한 명은 당시 총독이었던 추기경 미켈레 페데리코 폰 알탄(Michele Federico von Althann: 1682~1734)의 지지를 받던 바리(Bari) 출신의 도메니코 젠틸레(Domenico Gentile: ?~1739)였고 다른 한 명은 피에트로 안토니오 데 투리스(Pietro Antonio de Turris: 1661~1739)였다. 둘 중 학문적인 능력이 더 뛰어난 자는 피에트로 안토니오였지만 14표를 얻은 그는 15표를 얻은 젠틸레에게 패배하여 그 자리는 젠틸레에게 돌아갔다. 젠틸레는 하녀들의 유혹자로 악명이 높았는데 결국은 그런 일과 관련된 사건으로 1739년에 자살하였고, 그가 쓴 유일한 책은 표절의 이유로 출판이 금지되었다. Donald Phillip Verene, *Vico's "New Science": A Philosophical Commentary*, Cornell University Press, 2015, p. 13. 피에트로 안토니오에 대해서는 다음을 참고할 것. Barbara Ann Naddeo, *Vico and Naples: The Urban Origins of Modern Social Theory*, Cornell University Press, 2011, pp. 172, 299.

VI

『새로운 학문』 초판본

(1723~1724)

비코는 이러한 불운으로 고향에서 더 좋은 자리를 얻는 데에는 좌절하였지만 그나마 장 르클레르크의 논평에서 위안을 얻을 수 있었다. 그는 『고대와 근대의 도서』[1] 제18권 2부의 여덟번째 논문에서 마치 비코의 저작[2]에 가해졌던 비난에 대해 듣기나 한 듯 그 책이 이해가 불가능하다는 사람들에 대해 다음과 같이 원론적으로 판단했다. 다음은 프랑스어 원문을 정확하게 번역한 것이다. 이 저작은 "다양한 관점으로부터 고찰한 심원한 자료를 대단히 간결한 문체로 기술했다". 무수히 많은 문장들은 길게라도 인용만 할 수 있을 뿐이었다.[3] 그

1_ V-주25)를 참고할 것. 1722년 암스테르담에서 간행되었다. *Bibliothèque Ancienne et Moderne*, Tome XVIII, Partie seconde, "Article VIII", pp. 417~433.

2_ 『보편법의 한 가지 원리와 그 목적에 대하여』를 가리킨다.

3_ 더이상 압축시킬 수가 없어서 인용만이 가능했다는 의미이다.

것은 "몇 개의 원리로부터 무한한 결과를 이끌어내는 수학적 방법"에 의해 구성되었다. 따라서 그것은 주의를 기울여 읽어야 할 필요가 있으며, 스스로를 저자의 생각과 문체에 적응시키면서 처음부터 끝까지 중단 없이 읽어야 한다. 그리하여 독자들이 그 책에 대해 성찰하게 되면 "그들은 더 멀리 나아갈수록 그들이 예상을 넘어서는 많은 발견과 흥미로운 고찰을 추가로 얻게 될 것이다". 비코의 그 저서 제3부에서 처음 제시했던, 그리고도 큰 소요를 일으켰던 문제에 대해서 르클레르크는 철학과 관련하여 언급했다. "신과 인간에 대한 지식의 원리에 대해 말해져왔던 모든 것들 중에서 대단히 많은 것이 앞서 말했던 책[『보편법의 원리』]에 적혀 있는 것과 일치한다는 것은 필연적인 사실이다." 문헌학과 관련하여서는 다음과 같이 판단했다. "그는 대홍수로부터 한니발이 이탈리아에서 전쟁을 수행할 때까지의 주요 시기를 간략하게 제시한다. 왜냐하면 그는 책 전체를 통해 여기저기에서 그 시간대에 발생했던 다양한 일들을 논하면서 수없이 많은 소재에 대한 수많은 문헌학적 고찰을 하고 있으며, 가장 이해력이 뛰어난 비평가들조차 간과했던 많은 범속한 오류들을 수정하고 있기 때문이다." 마지막으로 그는 모두를 위한 결론을 내렸다. "이 책에서는 철학적, 법학적, 문헌학적 문제들이 계속하여 혼합되고 있다. 왜냐하면 비코 씨는 특히 그 세 학문에 전념하여 깊이 숙고하였으며, 그의 저작을 읽은 사람들이라면 모두가 동의할 것이기 때문이다. 그 세 학문은 강력하게 연관되어 있어서 그중 어느 하나라도 다른 학문들에 대해 상당한 지식을 갖고 있지 않다면 꿰뚫어 이해했다고 자랑할 수 없다. 따라서 우리는 책의 마지막에 이탈리아의 학자들이 이 책에 부여한 헌사를 읽는다고 할지라도 놀라지 않는다. 그리하여 우리는 사람들이 이 책의 저자가 형이상학과 법학과 문헌학을 깊이 알고 있고 그 저작은 독창적이고 중요한 발견으로 가득 차 있다고 간주하는 것을 이해할 수 있다."

모로코가 아닌 이탈리아에서 태어나 학자가 되었기에 비코가 그의 고향의 영광, 따라서 이탈리아의 영광을 위해 태어났다는 사실은 그 무엇보다도 다음에 의해 확인된다. 다른 사람들이라면 이후로 학문 자체를 포기하거나 아니면 그것을 가꾸어왔던 것을 후회하게 만들었을 불행한 운명이 가져다준 충격 이후에도 비코는 다른 작업을 위한 노력을 멈추지 않았다. 실로 그는 4절판의 꽤 두껍게 두 권으로 만들어진 저작 하나를 이미 완료했다.[4] 제1권에서는 이전에 다른 사람들

4_ 이것이 『부정적 형태의 새로운 학문*La Scienza nuova in forma negativa*』이다. 이에 대해서는 H. P. Adams, *The Life and Writings of Giambattista*

이 논증하기보다는 단지 상상해왔던 모든 비개연성과 부조리성과 불가능성[에 대한 비판]을 통하여 인간 문명 내부에서 민족들의 자연법의 원리를 찾으려 했다. 그 후속편인 제2권에서는 우리가 고대의 문명에 대해 알고 있는 모든 것을 빚지고 있는 그리스인들의 모호하고 신화적인 시대에 대한 어떤 합리적인 연대기를 수단으로 하여 인간 관습의 발생에 대해 설명했다. 이 저작에 대해서는 나폴리 성당의 박학한 신학자인 줄리오 토르노[5]가 평을 해줬는데, 그는 이런 부정적인 방식이 상상력에 자극이 되긴 하지만, 그것은 인간 정신을 조금도 확장시키지 않기 때문에 이해력에는 해가 된다고 고찰했다. 한편 또다른 불운의 일격[6]에 의해 그 책을 출판하겠다고 했던

Vico, pp. 143f. 기존의 이론들에 대해 파괴적으로 비판하면서 자신의 이론을 세우기 시작한 것인데, 1723년 4월에 시작하여 1725년 6월 무렵에 완성되었고, 오늘날에는 소실되었다.

5_ 줄리오 니콜로 토르노(Giulio Nicolò Torno: 1676~1756)는 나폴리 성당의 참사회 위원이었는데, 이후 아르카디오폴리(Arcadiopoli)의 주교가 되었다. 그는 『보편법』으로부터 『영웅의 정신*De mente heroica*』(1732)에 이르기까지 비코의 주요 저작을 검열한 인물이었다. Vico, *Opere*, I, p. 60, no. 2. 비코와 토르노의 관계에 대해서는 다음을 참고할 것. Vittorio Hösle, *Vico's New Science of the Intersubjective World*, tr. by Francis R. Hittinger, University of Notre Dame Press, 2016.

6_ 이것은 훗날 교황 클레멘트 12세가 되었던 추기경 로렌조 코르시니(Lorenzo Corsini: 1652~1740)와 관련된 일이다. 1724년 12월 비코가 증정한 이 새로운 저작을 부유한 추기경 코르시니가 받아들였다. 증정본을 받아들였다는 사실은 최소한 일부라도 출판 비용을 지불하겠다는 것이 당시의 암묵적인 관례였다. 그렇지만 그 암묵적인 약속의 이행을 요구하자 코르시니는 1725년 7월 20일에

약속을 지켜야 한다는 의무감에도 불구하고 비코에겐 그 비용을 충당할 수단이 결여되어 있었다. 그리하여 그는 집중적인 사색을 통해 그 책을 더 간결하고 따라서 더 효과적으로 만들 긍정적인 방식을 찾으려고 온힘을 다했다.

1725년 말엽[7] 나폴리의 펠리체 모스카 출판사에서 단 12매의 12절판[288쪽]으로 이루어진 책이 『여러 민족의 자연법의 원리를 찾을 수 있게 만들어주는 여러 민족의 본성에 관한 새로운 학문의 여러 원리』[8]라는 제목을 달고 간결한 활자체로 출판되었는데, "유럽의 대학교에게"라는 제사題詞가 달려 있었다. 이 저작에서 마침내 비코는 이전의 저작에서 혼란된 형태로 불분명하게 이해했던 원리를 충실하게 설명할 수 있었다. 왜냐하면 그제야 그 학문 최초의 기원을 신성한 역사[9]의 출발점에서 찾아야 할 불가피하고도 인간적인 필요성을 인식할 수 있었기 때문이다. 또한 철학자나 문헌학자 모두가 이교 문명 최초의 창건자들의 진척을 추적하기에 실패했기

그 요청을 거절했다. 자신의 프라스카티(Frascati) 교구에서는 그러한 요청에 응하는 것이 주어진 관행이 아니었다는 것이다. Vico, *Opere*, I, p. 60, no. 3.

7_ 10월 18일.

8_ 이것이 『새로운 학문』의 초판본이다. *Princìpi di una Scienza nouva d'intorno alla natura delle nazioni, per li quali si ritruivano altri princìpi del diritto naturale delle genti*. 12매의 전지를 열둘로 나눈 뒤 양면에 인쇄를 하면 288쪽이 된다.

9_ 성서를 의미한다.

에 그는 장 르클레르크가 그의 이전 저작에 대해 내렸던 평가를 더 넓게, 아니 방대하게 이용했다. 그는 이렇게 언급했던 것이다. "[비코는] 대홍수로부터 제2차 포에니전쟁까지 그 시간대에 발생했던 다양한 일들을 논하면서 수없이 많은 소재에 대한 수많은 문헌학적 고찰을 하고 있으며, 가장 이해력이 뛰어난 비평가들조차 간과했던 많은 범속한 오류들을 수정하고 있다." 왜냐하면 그가 민족 창건자들과 관련된 진실을 그 민중의 전승 속에서 걸러낸다는 새로운 비판의 기술을 발견했기 때문이다. 반면 비판의 기술을 사용하여 저작을 쓴 작가들은 그 창건자들보다 수천 년 뒤에야 나타났다. 이러한 새로운 비판의 기술은 명료한 관념과 적합한 언어로 민족의 자연법을 논하기 위해 필수적인데, 그에 비추어보면 과학이건 예술이건 거의 모든 학문의 기원은 이전에 상정했던 것과는 사뭇 다르다는 것을 알 수 있을 것이다.

따라서 그는 그 원리를 두 부분으로 나누었다. 그것은 관념에 관한 원리와 언어에 관한 원리였다. 관념을 다룬 부분에서 그는 역사의 두 눈인 지리학과 연대기에 대한 새로운 보편사의 원리를 발견하였는데, 그것은 지금까지 결여되어 있던 것이다. 또 철학에 대한 새로운 역사적 원리도 발견하였는데, 그중 첫번째가 인류의 형이상학이었다. 그것은 민족들마다 갖고 있는 자연신학을 가리키는데, 그것은 인간이 갖는 신을 향한 어떤 자연적 본능을 통해 그들 스스로가 자연스럽게 만들어내는 것이다. 신에 대한 두려움은 민족 최초의 창건자들로 하여금 어떤 여인들과 삶의 영원한 반려로 결합하도록 이끌었고, 그것이 혼례에 의한 최초의 인간사회였다. 그렇게 비코는 이교도[10] 신학의 대원리와 신학적 시인들이 쓴 시의 대원리를 발견했던 것인데, 그들은 이교도 문명 최초의 시인이자 세계 최초의 시인이었다. 비코는 이러한 형이상학으로부터 모든 민족에게 공통적인 도덕과 정치를 발견했고, 그 위에 인류의 법학을 근거시켰다. 민족들마다 그들 본성에 대한 관념을 펼쳐내고, 그에 따라 그들 정부의 형태도 변화하면서 그 법학도 어떤 시대의 학파와 함께 변화한다. 최종적인 정부의 형태는 군주제인데 여기에서 민족들마다 마침내 본성적으로 안정을 취하게 된다. 이렇게 비코는 아시리아의 니노스 왕국에서부터 시

10_ 비코는 "이교도"(gentili), "이교도의"(gentilesca)와 같은 단어를 많이 사용한다. 그것은 기독교도가 아닌 다른 민족들에 대해 서술할 경우인데, 여기에 대해서는 학계의 논란이 많다. 왜냐하면 그 단어들의 어근인 '겐스'(gens)는 '민족'을 가리키기도 하기 때문이다. 따라서 그 단어들은 '민족의'로 번역되어도 크게 문제가 될 것은 없다. 비코가 독실한 가톨릭교도로서 기독교도가 아닌 다른 민족의 문명을 구분하기 위해 의도적으로 그렇게 표현하였다는 주장과, 단지 가톨릭교회의 검열을 피하기 위해서였다는 주장이 맞서는 것이다. 본서에서는 대체로 후자의 주장을 옹호하고 있어 전반적으로는 '민족'으로 옮기지만, 그 구분이 필요하다고 생각되는 지점에서는 '이교도'로 옮겼다.

작되는 세계사에 남겨져 있던 큰 공백을 메웠던 것이다.

언어를 다룬 부분에서 비코는 노래와 시 모두를 포함하는 시학의 원리를 발견하였다. 그는 노래와 시 모두 초기의 모든 민족에게 균일한 본성에 의해 필연적으로 발생한다는 것을 논증했다. 그 원리를 따라서 그는 영웅[11]들의 '임프레제'[12]의 원리도 발견하였는데, 그것은 초기의 민족들이 분절된 언어를 형성하지 못했을 시기에 사용했던 묵음의 언어였다. 거기에서 그는 문장학紋章學의 새로운 원리도 발견하였는데, 그것은 고전학古錢學의 원리와 같은 것이었다. 여기에서 그는 4천 년이 넘게 권좌를 유지해왔던 오스트리아와 프랑스의 두 가문의 귀족적인 기원을 고찰했다. 언어의 기원의 발견이 초래한 다른 결과들 중에는 모든 언어들에 공통적인 어떤 원리들이 있고, 그 예로서 라틴어의 참된 기원을 찾았다. 그 예가 다른 모든 언어에도 적용될 수 있다는 것을 비코는 학자들에게 보여주었다. 먼저 모든 토착어에 공통적인 어원의 관념을 제시한 뒤 외래어의 어원의 관념을 제시함으로써 궁극적으로 보

11_ 비코에게 '영웅'이란 '귀족'과 마찬가지라고 해도 과언이 아니다.
12_ "임프레제"(imprese)는 '위업', '모험'과 같은 뜻을 갖는 단어인데 이것이 가족의 문장(紋章)을 뜻하게 되었다. 이 부분에 대한 깊은 이해를 위해서는 다음을 참고할 것. 잠바티스타 비코, 『새로운 학문』, 조한욱 옮김, 아카넷, 2019, 장절 433~434.

편적인 어원의 관념을 펼쳐낸 것이었다. 그것은 우리가 민족의 자연법을 적절하게 논의할 수 있으려면 반드시 필요한 언어의 과학이었다.

이러한 관념의 원리와 언어의 원리, 즉 인류의 철학과 문헌학과 함께 그는 섭리의 관념에 근거하고 있는 이상적인 영원한 역사를 전개시킨다. 그에 따라서 민족들의 자연법이 제정되었음을 비코는 저작 전체를 통해 논증한다. 이런 이상적인 영원한 역사에 따라 시간 속에서 출현하고 발전하고 성숙하고 쇠퇴하다가 종말을 맞는 과정을 특정한 민족들의 역사마다 밟아간다. 이렇듯 비코는 그리스인들을 고대에 대해 아무것도 모르는 어린아이 같다고 말하며 조롱했던 이집트인들로부터 고대의 중요한 파편 두 조각을 받아들여 활용하게 되었다. 하나는 이전의 시간 전체를 신의 시대, 영웅의 시대, 인간의 시대 셋으로 구분한 것이다. 다른 하나는 그 이집트인들이 이전에 말했던 언어를 세 가지로 나눈 것이다. 첫번째는 신성한 언어로서 상형문자 또는 신성문자를 통한 묵음의 언어이다. 두번째는 영웅의 언어로서 그것은 상징이나 은유를 사용한다. 세번째는 서간체 언어로서 일상적인 삶의 용도를 위해 사용한다.

비코는 첫번째 시대와 첫번째의 언어가 가족[국가]의 시대와 일치한다는 것을 증명했는데, 확실히 그 시대는 민족들 사이에서 도시가 발생한 것보다 앞섰으며, 모두가 인정하듯 그 바탕 위에서 도시가 나타났다. 이 가족에서는 신의 정부 아래 가부장들이 절대군주로 지배하면서 신의 전조에 따라 모든 인간사에 명령을 내린다. 비코는 그리스인들의 신화와 연결시켜 그 역사를 자연스럽고 명쾌하게 설명한다. 여기에서 그는 오리엔트의 신들에 대해 고찰하는데 칼데아인들에 의해 별들의 위치로 격상되었던 그들은 페니키아인들에 의해 그리스로 전파되었다. 비코는 그것이 호메로스의 시대 이후에 일어났음을 증명했다. 그 오리엔트의 신들은 그리스 신들의 이름을 물려받을 준비가 되어 있었고, 훗날 그들이 라티움으로 전파되었을 때는 그곳 신들의 이름을 물려받았다. 비코는 이와 동일한 추이가 라티움과 그리스와 아시아에서 연이어 일어났음을 입증했다.

다음으로 비코는 두번째 상징적 언어를 사용하는 두번째 시대가 최초의 국가 정부[13]의 시대였다고 설명한다. 그는 이것이 고대 그리스인들이 "헤라클레스 종족"[14]이라고 불렀던 지

13_ 원어는 "governi civili". 여러 방식으로 번역이 가능하지만, 최초의 자연발생적인 '가족 국가' 형태와 비교하여 국가의 형태가 갖추어진 것으로 보인다.
14_ 원어는 "razze erculee".

비코는 신들 이후에 헤라클레스 같은 영웅들이 모든 곳에서 이교 민족들을 지배했다는 결론에 이르렀다.

배계급인 귀족 또는 영웅들의 왕국 시대였음을 논증했다. 야수의 후예라고 여겨지던 평민들 위에 군림하던 그들은 신의 후예라는 평판을 받았다. 그는 이러한 왕국의 역사를 그리스인들이 테베의 헤라클레스의 성격을 묘사했던 것을 따라 쉽게 펼칠 수 있었다. 헤라클레스는 그리스의 영웅들 중에서 가장 위대하며 헤라클레이다이[15]의 조상으로서 의심의 여지없이 귀족주의 국가였던 스파르타 왕국은 헤라클레이다이 출신

15_ 헤라클레이다이는 '헤라클레스의 자손'을 가리킨다.

의 두 왕이 지배했다. 또한 이집트인과 그리스인 모두 각 민족들마다 헤라클레스를 갖고 있다고 고찰했고, 바로[16]는 라틴인들에게서 그 숫자가 40에 이른다고 하였기에 비코는 신들 이후에 영웅들이 모든 곳에서 이교 민족들을 지배했다는 결론에 도달했다. 고대 그리스가 남겨놓은 거대한 파편에 따르면 쿠레테스[17]는 그리스에서 크레타와 사투르니아, 즉 이탈리아와 아시아로 건너갔다. 그는 라티움의 퀴리테스의 일부인 로마의 퀴리테스가 창으로 무장한 무리를 가리킨다는 사실을 발견했다. 따라서 퀴리테스의 법은 모든 영웅 민족의 법이었다. 또한 그는 『12표법』이 아테네로부터 왔다는 이야기의 허황됨도 증명했다. 그는 라티움 영웅 민족의 토착적인 세 가지의 법이 로마에 도입되어 준수되다가 훗날 『12표법』에 고착되었으며 거기에서 로마 정부의 기본적인 명분이 되었다는 것을 보인 것이다. 그 명문이란 덕성과 정의를 평화 시에는 법으로, 전쟁 시에는 정복으로 강요시킨다는 것이었다. 그렇지 않다면 오늘날의 관념으로 읽는 로마의 역사는 그리스의 신화적 역사보다도 훨씬 더 믿을 수 없게 된다. 이 모든 것에 비추어 비

16_ V-주27)을 참고할 것.

17_ '쿠레테스'는 창으로 무장한 사제들을 가리킨다. 그들로부터 '퀴리테스'가 나왔다. 이들에 대해서는 다음을 참고할 것. 잠바티스타 비코, 『새로운 학문』, 조한욱 옮김, 아카넷, 2019, 장절 624~625.

코는 로마 법학의 참된 원리를 설명했던 것이다.

마지막으로 비코는 평민과 민중 언어의 시대인 세번째 시대가 인간 본성에 대한 관념이 충분히 발전하여 모든 사람들에게 균일하다고 인식하게 되었던 시기와 일치한다는 것을 증명했다. 이렇게 발전한 인간 본성은 인간적인 정부의 형태를 이끌어오는데 그것은 민중의 정부와 군주제임이 확인된다. 황제 휘하의 로마법 학자들은 이 시간대에 속한다. 이렇듯 그는 군주제가 민족들이 최종적으로 정착할 수 있는 정치 체제임을 논증했다. 최초의 왕이 오늘날의 군주와 같았다고 하는 망상 위에서 국가가 출발할 수는 없었다. 또한 지금까지 사람들이 상상해왔던 것처럼 민족이 술수와 폭력 위에서 출발할 수도 없었다.

이러한 발견과 그 밖의 엄청나게 많은 사소한 발견들을 통해 비코는 민족의 자연법을 논하면서 이러한 법의 영역 전체를 구성하는 관습이 어떤 특정한 시기에 어떤 특정한 방식으로 태어났는지 논증했다. 그 영역에는 종교, 언어, 소유권, 교역, 계급, 주권, 법, 군대, 재판, 형벌, 전쟁, 평화, 조약과 같은 것들이 포함된다. 또한 그는 그 특정한 시기와 특정한 방식으로부터 그 각기의 본성이 왜 그럴 수밖에 없었는지 설명했다. 어떤 시기에 어떻게 태어났는가 하는 것이 바로 그 본성이기 때문이다.

그는 언제나 히브리인들과 이교도들 사이의 본질적인 차이에 대해 고찰했다. 히브리인들은 처음부터 영원한 정의의 실천 앞에 우뚝 솟아 굳건하게 서 있었다. 반면 이교도 민족들은 전적으로 신의 섭리의 안내를 받아 이집트인들이 말했던 세 시대와 세 언어에 부합하는 세 가지 종류의 법이 항상 균일한 방식으로 변동하는 것을 겪어왔다. 첫번째는 신성한 법으로서 히브리인들 사이에서는 참된 신이, 이교도 민족들 사이에서는 많은 그릇된 신들이 지배하던 것이었다. 두번째는 신과 인간의 중간에 있던 영웅들 고유의 영웅의 법이다. 세번째는 완전히 발전하여 모두에게 평등하다고 인정하는 인간성에 고유한 인간의 법이다. 단지 이 최종적인 법이 나타나야지만 민족들 사이에서 철학자들이 영원한 정의의 격률 위에서 추론을 함으로써 그 법을 완성시킬 수 있다.

이 점에 있어서 그로티우스와 셀든과 푸펜도르프는 모두 잘못을 저질렀다.[18] 그들은 민족의 창건자들에게 적용시킬 수 있는 비판의 기술이 결여되어 있었기 때문에 그 창건자들이 심원한 지혜에 능통했다고 믿으면서 그 이교도들에게조차 신

18_ Ⅳ-주55)를 참고할 것.

의 섭리가 민중적인[19] 지혜를 가르친 신성한 스승이었으며, 심원한 지혜는 몇 세기가 지난 다음에야 그 민중적 지혜로부터 나왔다는 것을 알지 못했다. 따라서 그들 세 명은 관습 자체로부터 나온 민족의 자연법과 철학자들의 자연법을 혼동했다. 철학자들은 다른 민족들이 모두 잃어버린 참된 신에 대한 숭배를 위해 신이 선택한 민족에 특권을 부여하지 않고 논리의 힘으로만 자연법을 이해하려 했다. 이와 비슷하게 비판 방식의 결여로 말미암아 이전의 박식한 로마법의 해석자들조차 『12표법』이 아테네로부터 도입되었다는 이야기를 믿도록 오도되었고, 그들의 총명함에도 불구하고 로마의 법학 속에서 특히 스토아학파와 에피쿠로스학파의 철학을 읽어내려고 했던 것이다. 그렇지만 사실상 이 두 학파의 원리보다 로마법의 원리는 물론 문명의 원리에 위배되는 것은 없다. 따라서 그 세 명은 로마의 법학자들 스스로가 명확하게 표명했던 로마 시대의 학파에 비추어 로마법을 다룬 것이 아니었다.

이 저작과 함께 비코는 가톨릭교의 영광을 드높였다. 그는 이교도의 모든 인간적 지혜와 신적 지혜의 원리가 개신교도 법학의 세 제왕의 나라인 네덜란드나 영국이나 독일이 아닌

19_ 원어는 "volgare". Ⅱ-주18)을 참고할 것.

우리 시대에 참된 가톨릭교회의 가슴속에서 발견되게 함으로써 우리 이탈리아의 명성을 확보했다. 그런 이유로 그 책을 헌정받은 추기경 로렌조 코르시니[20]는 정중하게 받아들이면서 다음과 같은 말로 치하했던 것이다. "확실히 이 저작은 고풍적인 언어와 견고한 학설로 아직도 이탈리아인들의 정신 속에는 토스카나식 웅변을 위한 타고난 특유의 재능은 물론 가장 어려운 학문 분야에서조차 새로운 결과물을 산출하려는 건강하고 행복한 용기가 살아있음을 보여주기에 충분하다. 따라서 나는 이 저작이 그리도 아름답게 장식하는 조국을 위하여 축하를 보낸다."[21]

20_ Ⅵ-주6)을 참고할 것.
21_ 이것은 1725년 12월 8일에 코르시니 추기경이 보낸 편지의 내용이었다.

VII

부차적 저술들

(1702~1727)

『새로운 학문』이 빛을 보았을 때 그 저자는 누구보다도 장 르클레르크에게 한 부를 보내려고 신경을 썼고 리보르노를 경유하는 가장 안전한 길을 선택했다. 그는 그 책을 르클레르크에게 보내는 편지[1]와 함께 나폴리에서 우정을 쌓았던 주세페 아티아스[2]에게 소포로 보냈다. 이 시대의 히브리인들 중에서 그는 히브리어의 연구에 가장 정통했다. 그것은 그가 편찬하여 암스테르담에서 발간한 『구약성서』에 의해 확인되는데,

1_ 1725년 11월 5일에 쓴 편지이다.

2_ 주세페 아티아스(Giuseppe Attias: 1672~1745)는 히브리어와 성서와 수학과 철학 등 다방면에 걸쳐 깊은 지식을 갖고 있던 사람으로서 에스파냐 출신이지만 리보르노에 정착했다. 그에 대해서는 다음을 참고할 것. Joseph B. Maier & Chaim I. Waxman (eds.), *Ethnicity, Identity, and History: Essays in Memory of Werner J. Cahnman*, Routledge, 2017. 마티아스는 1725년 4월 또는 5월에 나폴리에 머물렀다.

그 책은 문필의 세계에서 칭송을 받았다.[3] 다음의 답신[4]에서 그는 르클레르크에게 전달해달라는 부탁을 정중하게 받아들였다.

당신이 11월 3일에 보낸 애정 어린 편지를 받고 얼마나 기뻤는지 표현할 수가 없습니다. 그 편지는 대단히 매혹적인 당신의 도시에 행복하게 머물렀던 기억을 새롭게 만들어주었습니다. 그곳의 저명한 문인들, 그중에서도 특히 당신이 보여주신 친절한 환대에 저는 계속하여 압도되어 있습니다. 당신은 탁월하고 숭고한 업적으로 제게 영광이 되었습니다. 저는 제가 대화를 나누는 친구들은 물론 프랑스와 이탈리아를 여행하다가 만난 문인들에게도 자신 있게 그 이야기를 했습니다. 저는 르클레르크 씨를 위한 소포와 편지를 암스테르담에 있는 제 친구에게 보내 그에게 직접 전하게 하겠습니다. 그렇게 저는 귀하의 소중한 명령에 따른 저의 의무를 수행할 것입니다. 저는 제게도 당신의 책 한 권을 보내주신 당신의 호의에 무한한 감사를 느

3_ 그러나 이 『구약성서』를 편찬한 인물은 주세페 아티아스가 아니라 코르도바 출신의 성서학자 주세페 벤 아브라함 아티아스(Giuseppe ben Abraham Athias)였다. 이 책은 1661년에 출판되었다. Vico, *Opere*, I, p. 67, n. 1.

4_ 리보르노에서 온 1726년 2월 25일의 편지이다.

낍니다. 저의 친구들도 그 책을 읽고 르클레르크 씨가 말하듯[5] 그 숭고한 주제와 풍요로운 새로운 생각에 경탄하고 있습니다. 주의 깊게 읽는다면 당신의 저작이 진귀하고 숭고하기에 위대하고 경이로운 많은 문제들에 대해 제시하는 즐거움과 혜택에 대해 경탄하고 있다는 것입니다. 편지를 마치며 소스테니 신부님[6]께 제 안부를 전해주시기 부탁드립니다.

그러나 비코는 르클레르크로부터 답신을 받지 못했다. 어쩌면 그가 사망했거나 아니면 너무 늙어서 학문 활동이나 서신 교환을 못하게 되었을지 모를 일이었다.[7]

이렇게 엄중한 연구의 와중에도 비코에게 즐거운 일을 할 기회가 없었던 것은 아니었다. 국왕 펠리페 5세가 나폴리를 방문하였을 때[8] 나폴리 왕국을 다스리던 에스칼로나 공작[9]은 최고 변호사였으며 당시 재무상이었던 세라피노 비스카르

5_ 주세페 아티아스는 르클레르크가 『고대와 근대의 도서』에 쓴 『보편법』에 대한 서평을 읽은 것으로 보인다.

6_ 로베르토 루이지 소스테니(Roberto Luigi Sostegni: ?~1730) 신부는 피렌제 출신으로서 라테란 대성당의 참사회 위원이었다. 나폴리에 정착한 뒤에는 비코의 집안과 가깝게 지냈다. Vico, *Opere*, I, p. 67, n. 4.

7_ 니콜리니는 후자의 추론이 옳다고 밝힌다. Vico, *Opere*, I, p. 67, n. 5.

8_ 에스파냐의 펠리페 5세(1683~1746)는 1702년 4월부터 6월까지 나폴리에 머물렀다.

9_ Ⅲ-주41)을 참고할 것.

디[10]를 통해 왕립 대학교의 웅변 강사로서 국왕의 체재를 환영하는 연설문을 쓰라는 청탁을 해왔다. 왕이 출국하기까지는 겨우 여드레가 남았을 뿐이었기에 그는 황급하게 그 연설문을 써야 했다.[11] 그것은 『에스파냐 국왕 펠리페 5세에 헌정하는 찬사』[12]라는 제목의 12절판으로 인쇄되었다.

훗날 이 왕국이 오스트리아의 지배를 받게 된 뒤 왕국 군대의 사령관이었던 비리히 폰 브라운 백작[13]은 명예로운 편지를 통해 다음과 같이 명령했다.

> 고명하신 왕립 나폴리 대학교 교수 조반 바티스타 디 비코 씨,
> 가톨릭 폐하께서는 (신의 가호가 있으시길) 내게 명을 내려 주세페 카페체 경과 카를로 디 상그로 경[14]의 장례식이 국왕

10_ 세라피노 비스카르디(Serafino Biscardi: 1643~1711)는 나폴리에서 사람들의 신뢰를 받던 법조인이었다.

11_ 왕의 출국은 6월 2일이었다. 따라서 청탁을 받은 날은 5월 24일이었다.

12_ *Panegyricus Philippo V Hispaniarum regi inscriptus*.

13_ 비리히 로렌츠 폰 브라운(Wierich Lorenz von Braun: 1668~1741)은 야전 사령관으로서 이미 1706년의 토리노 공성전에서 명성을 얻었다.

14_ 주세페 카페체(Giuseppe Capece)와 카를로 디 상그로(Carlo di Sangro)는 1701년 9월 27일부터 사흘 동안 지속되었던 이른바 '마키아 모반'(Gongiura di Macchia)의 주도자들이었다. 부르봉가 출신이 에스파냐 국왕의 자리에 오르자 오스트리아 귀족들이 전복을 꾀했던 것인데, 주세페 카페체는 거사 전날 경찰대와 싸우다 전사했고, 카를로 디 상그로는 체포된 뒤 10월 3일에 교수형을 당했다.

의 위엄과 고인들의 용맹에 걸맞게 거행되도록 베네딕투스 수도원장 베네데토 라우다티 신부[15]에게 장례 연설 작성을 하게 하셨습니다. 묘비에 새길 다른 글도 있어야 하기에 귀하의 고상한 문체를 흠모하는 나는 이 문제를 귀하의 뛰어난 능력에 맡기는 것이 좋으리라고 생각했습니다. 이렇듯 바람직한 일을 하는 것이 귀하의 명예를 드높이는 것에 더하여 귀하의 고귀한 노력을 생생하게 기억하고 있을 것이라고 확신합니다. 언젠가 내가 귀하에게 도움이 될 기회가 생기기를 바라며 신의 가호가 함께 하시기를. 고명하신 귀하에게.

1707년 10월 11일 나폴리 궁정에서 (친필)

다운 백작

그리하여 비코는 묘비명과 기장記章과 제명題銘과 장례식[16]의 안내문을 만들었고 신학과 교회법에 조예가 깊은 라우다티 수도원장이 추도 연설을 읽었다. 수도원장과 비코의 글은 왕국 국고의 부담으로 『카를로 디 상그로와 주세페 카페체의

15_ 베네데토 라우다티(Benedetto Laudati: ?~1724)는 오랫동안 나폴리에 있는 산티세베리노 에 소시오(Santi Severino e Sossio) 수도원장으로서 비코와 교분이 있었다.

16_ 이 행사는 1708년 2월 24일에 성대하게 거행되었다.

장례식』[17]이라는 제목을 달고 삽화로 장식된 2절판으로 장려하게 출판되었다.

얼마 지나지 않아 비코는 총독 카를로 보로메오 백작[18]의 명령에 따라 황제 요제프[19]의 서거 이후 왕궁의 성당에서 거행된 장례식을 위한 묘비명도 만들었다.

그 뒤 불운이 덮쳐[20] 학자로서 그의 명성에 타격을 가했다. 그러나 그것은 그가 어쩔 수 없는 일이었기 때문에 그 역경은 군주제 하에서 신하가 바라는 것이 허용될 수도 없는 명예를 그에게 가져다주었다. 엘레오노르 황후[21]의 장례식[22]을 위해 총독이었던 볼프강 폰 슈라텐바흐 추기경[23]의 명을 받아 다

17_ 『카를로 디 상그로와 주세페 카페체의 장례식*Acta funeris Caroli Sangrii et Iosephi Capycii*』은 1708년 펠리체 모스카 출판사에서 발간되었다.

18_ 카를로 보로메오(Carlo Boromeo: 1657~1740)는 1710년 10월부터 1711년 5월까지 나폴리의 총독이었다. 그는 당대를 대표하는 역사가로서 그리스어 성경에 들어 있는 책들의 목록을 밝힌 『무라토리 단편』의 발견자인 로도비코 안토니오 무라토리(Lodovico Antonio Muratori: 1672~1750)와 서신을 교환할 정도로 친했다.

19_ 신성로마제국 황제 요제프 1세(Joseph Jacob Ignaz Johann Anton Eustachius: 1678~1711)를 가리킨다.

20_ 이것은 비코에게 묘비명을 위탁했지만 결국 다른 사람의 묘비명을 사용했던 일이었다. 그 묘비명에 위탁자가 만족하지 못하여 비코의 친구이기도 했던 마테오 에지지오(Matteo Egizio: 1674~1745)에게 다시 위탁을 했던 것이다.

21_ 엘레오노르(Eleonor Magdalene Therese: 1655~1720)는 신성로마제국의 황제 레오폴트 1세(Leopold Ignaz Joseph Balthasar Felician: 1640~1705)의 황후였다. 황제 요제프 1세와 카롤루스 6세의 어머니이기도 하다.

22_ 1720년 2월 28일부터 3월 1일까지 거행되었다.

23_ 볼프강 폰 슈라텐바흐(Wolfgang Hannibal von Schrattenbach:

음과 같은 비문을 작성했다. 그는 비문들을 각기 따로따로 읽으면 그 자체로 완결되어 있지만 합쳐놓으면 하나의 장례 연설을 이루는 방식으로 작성했다. 왕궁 성당의 문밖에 있는 비문은 다음과 같은 서문을 담고 있다.

> 엘레오노르 전하에게/ 노이베르크 공작 가문으로/ 레오폴트 황제의 친애하는 아내이자/ 오스트리아의 카롤루스 6세의 고귀한 어머니/ 로마인들의 황제이자 에스파냐와 나폴리인들의 왕/ 그는 장례에 합당한 영예를 부여했고/ 국가의 즐거움인 대군께서는/ 상중/ 시민들이여 여기에서/ 공적인 애도를 바치라

성당 내부의 네 개의 아치에 설정하려 했던 4개의 비문 중 첫번째는 송덕문頌德文을 포함하고 있다.

> 눈으로 이 텅 빈 무덤을 보는 자/ 실로 그것이 비어 있다 생각하네/ 왕가 운명의 즐거움 속에서도 흘러가는 욕망을 피하고/ 여성 최고의 존엄에서 미천한 자리로 몸을 낮춰/ 무상한 인간들 사이에서 영원한 문명을 관리하시니/ 그것은/ 작고하신 존

1660~1738) 추기경은 1719년 12월부터 1721년 4월까지 나폴리의 총독이었다.

엄한 엘레오노르여/ 땅 위에서 무시된 것들을/ 여기에서/ 최고의 명예로 쌓아올리네

두번째는 고인의 위업을 펼친다.

만일 땅 위의 훌륭한 왕들이/ 법보다는 모범으로/ 민족과 인류의 타락한 관습을 교정하고/ 국민의 행복을 보존한다면/ 엘레오노르여/ 왕인 남편의 운명에 못지않게 자신의 덕성으로/ 세상의 다른 어떤 여성보다도/ 황제들의 아내이자 어머니로서/ 삶의 고결함과 기독교 제국의 축복으로/ 그리도 큰 여성의 몫을 하셨으니/ 좋은 사람들은 얼마나 마음을 다해 슬퍼하는가!

세번째는 슬픔을 보인다.

선한 황제 카롤루스에게서/ 최고의 즐거움을 찾는/ 시민들이여/ 존엄한 어머니 엘레오노르가 서거하시니/ 크게 서러워하라/ 그 축복받은 풍요로/ 당신들의 즐거움인/ 오스트리아 가문의 황제를 주시고/ 황후의 덕성으로 귀하고 찬란한 모범을 보여/ 가장 훌륭하고 선량한 군주를/ 당신들에게 주셨으니

마지막으로 네번째는 위안을 약속한다.

눈물로서/ 진실한 경배를 바치시라/ 시민들이여/ 그리하여 천국에 받아들여진/ 엘레오노르의 영혼이/ 레오폴트에게 후사를 안겼듯/ 신의 가호를 받아 카롤루스 황제께서 엘리자베트 전하[24]에게/ 후사를 안겨/ 위안을 받지 않고/ 기독교 세계를 떠나지 않도록

이 묘비문은 새겨지지 않았다.[25] 그러나 장례식의 첫날이 지나기도 전에 나폴리의 귀족 출신 기사로서 전에는 유명한 변호사였고 당시에는 군법재판의 청문관이었던 니콜로 다플리토[26]가 비코를 찾아 저녁에 방문할 터이니 집에 머물러 있으라고 전했다. 그는 추기경[27]에게 고용된 인물이었지만 너무 일에 몰두하여 죽음[28]에 이르렀고, 많은 선량한 사람들이 그

24_ 엘리자베트는 카롤루스 6세의 황비였다.

25_ Ⅶ-주20)을 참고할 것.

26_ 생몰 연대조차 미상인 니콜로 다플리토(Niccolò d'Afflitto)에 대해서는 니콜리니의 『비코 시대의 칼과 교회와 토가와 연구의 인간*Uomini de spada, di chiesa, di toga, di studio al tempo di G. B. Vico*』에서도 피상적인 정보밖에 얻을 수 없다. pp. 96~101.

27_ 그는 이전 추기경 미켈레 페데리코 알탄 당시부터 추기경들의 신뢰를 쌓아왔다. V-주51)을 참고할 것.

28_ 1723년 이전으로 추정된다.

의 죽음에 애도를 보냈다. 비코를 방문한 목적에 대해 그는 다음과 같이 말했다. "나는 여기에 오기 위해 나의 주인 총독님과의 중요한 일까지 제쳐두었습니다만, 그 일을 다시 하기 위해 곧 왕궁으로 돌아가야 합니다." 잠시 머물렀던 그는 다음과 같이 말했다. "나의 주인 추기경께서는 당신의 잘못이 아닌데도 당신에게 고통을 안긴 그 불행한 일 때문에 대단히 곤혹스러워하십니다." 이에 비코는 추기경이 그렇게 고귀한 영혼을 가진 것에 대해 감사하면서 신하의 최대 영광은 군주에게 충성을 바쳐야 하는 것이기에 신하에 대한 그러한 관대함에 무한한 감사를 느낀다고 대답했다.

이리도 많은 조문의 행사 속에서 즐거운 일도 찾아왔는데, 그것은 독실하고 관대하면서 훌륭한 습관과 뛰어난 교양을 갖춘 기사 잠바티스타 필로마리노[29]와 산테라모 후작 가문의 마리아 비토리아 카라촐로의 결혼식이었다. 이 행사를 위

29_ 잠바티스타 필로마리노(Giambattista Filomarino: 1698~1770?)는 비코의 제자였는데 훗날 에스파냐 주재 나폴리 왕국의 대사가 되었다. 그는 1722년 자신이 살던 집에서 사람들에게 훗날 발간될 『새로운 학문』의 원리를 설명한 적이 있었다. 그 집은 '필로마리노 궁'(Palazzo Filomarino)으로 알려져 있는데 1911년부터 1952년 사망할 때까지 베네데토 크로체가 그 집에 거주했다. 오늘날 여기에는 '이탈리아 역사연구소'(Istituto italiano per gli studi storici)와 '베네데토 크로체 장서 재단'(Fondazione Biblioteca Benedetto Croce)이 위치하고 있다.

비코의 저작 『새로운 학문』의 원리가 설명되었던 필로마리노 궁.

해 작성한 글들의 모음집[30]은 4절판으로 출판되었는데, 그를 위해 비코는 새로운 관념의 축혼시를 썼다. 그것은 『춤추는 유노』[31]라는 제목의 단선율의 극시였는데 결혼의 여신 유노가 유일한 화자로서 다른 중요한 신들을 초청하여 춤추게 만든다. 그리하여 그의 『새로운 학문』에서 충실하게 펼쳐낼 역사적 신화의 원리를 논한다.

그 원리에 대해 비코는 핀다로스[32] 풍으로 칸조네를 지었다. 그것은 자유시의 형태로 출현했을 때부터 오늘날까지의 『시의 역사』를 다룬 것인데, 제노바의 카리냐노 공작부인인 탁월하고 현명한 마리나 델라 토레에게 헌정한 것이었다.

또한 비록 오랫동안 게을리하긴 했지만 젊은 시절에 민중 언어로 좋은 작가들에 대해 연구했던 일은 그 시들을 만들고 두 편의 연설문을 결합시킬 능력을 주었을 뿐 아니라 『새로운 학문』을 저술할 때 그 민중 언어를 현란하게 사용할 능력도 부여하였다. 그중 첫번째 연설문은 당시 총독이었던 추기경 알탄의 어머니 알탄 백작부인 안나 폰 아스페르몬트가

30_ 비코가 기획하여 출판한 이 책은 1721년 나폴리의 펠리체 모스카 출판사에서 나왔다.

31_ *Giunone in danza*.

32_ 핀다로스(Pindarus: 518?~438 BC)는 고대 그리스의 서정시인이다. 시의 본질과 시인의 역할에 대해 최초로 이야기한 시인이었다는 평가를 받는다.

작고했을 때[33] 작성한 것이었다. 그가 이것을 작성한 것은 당시 나폴리 왕국의 서기관이었던 프란체스코 산토로[34]가 그에게 베풀었던 은혜에 보답하기 위해서였다. 그는 총독 관할 민사 재판소의 판사로서 비코의 사위[35]가 관련된 소송을 담당했다. 그 소송은 2주 연속 수요일에 민사와 형사의 합동재판소에서 심리되었다. 거기에서 총독이 주재하는 형사 재판에 총독의 추밀회의가 재판의 경과에 대해 보고를 받았다. 그런데 산테라모 후작 안토니오 카라촐로[36]는 당시 재판장 대리[37]로서 시정을 잘 운영해 그 능력과 신중함으로 네 명의 총독으로부터 신임을 쌓아왔다. 산토로는 그 사건을 충실하고 간결하고 명확하게 진술하여 카라촐로로 하여금 사실을 재검토하는 것이 불필요하게 만들었다. 그러지 않았더라면 소송의 상대방으로 하여금 재판을 지체하게 하여 재판 자체가 복잡해질 우려가 있었다. 그 소송에서 비코는 방대한 자료를 손에 들

33_ 1723년 12월 13일. 안나 폰 아스페르몬트(Anna von Aspermont)의 아들 미켈레 페데리코 폰 알탄은 1722년부터 1728년까지 나폴리의 총독이었다.

34_ 프란체스코 산토로(Francesco Santoro)의 생몰 연대는 알려지지 않았다. 그는 나폴리의 법률가로서 1722년에 서기관으로 임명되었다.

35_ 비코의 장녀 루이사(Luisa: 1700~?)와 결혼한 안토니오 세르빌로(Antonio Servillo: 1696~1750)를 가리킨다.

36_ 그는 잠바티스타 필로마리노의 장인이었다. Ⅶ-주29)를 참고할 것.

37_ 실제로는 총독 관할 대법원의 원장으로서, 그는 그 자격으로 나폴리 시의 경찰까지 관장하고 있었다.

고 변론을 펼쳐 지금도 생존해 있는 공증인의 문서에서 37개의 그릇된 추정을 발견했다. 그는 그것을 일곱 개의 항목으로 분류하여 정리하고 기억하기 쉽도록 만들었다. 그는 변론을 대단히 열정적으로 펼쳐 모든 재판관들이 친절하게도 입을 열지 않았을 뿐만 아니라 서로 간에 눈길을 주고받지도 않았다. 마지막에 재판장 대리는 너무도 감동을 받아 그렇듯 높은 지체에 어울리게 감정을 추슬러야 했고, 피고를 위한 동정과 원고를 향한 경멸이 결합된 것과 같은 몸동작을 취했다. 그리하여 엄격하게 판결을 내리던 총독 재판소에서 그릇된 소송 제기의 범죄성이 증명되지도 않았는데 피고를 방면했다.[38]

이러한 이유로 비코는 앞서 언급했던 연설을 기록했다. 그것은 산토로 자신이 4절판으로 인쇄하여 출판한 『작품집』에 수록되어 있다.[39] 그 연설에서 비코는 에스파냐 왕위계승전쟁에 참전했던 백작부인의 두 아들에 대해 이야기하며 시와 산문의 중간 정도 되는 문체로 일탈하였다. 키케로의 견해에 따르면 그런 것이 실로 역사적 문체인데, 그것은 그가 역사 서술과 관련하여 행한 간략하지만 함축적인 의미 속에 드러난

38_ 이 소송에 대해서는 다음을 참고할 것. Fausto Nicolini, *Vicende e traversie giudiziarie di Giambattista Vico*, Napoli, 1934.

39_ 이 『작품집*Componimenti*』은 나폴리의 펠리체 모스카 출판사에서 1724년에 발간되었다.

프랑스 역사화가 장 알로가 그린 〈에스파냐 왕위계승전쟁〉.

다. 키케로는 역사에서는 "시인들과 거의 비슷한 언어"[40]를 채택해야 한다고 말했는데, 왜냐하면 역사가들은 여전히 그들이 소유하고 있는 오래된 것들에 집착하고 있으며, 비코가 『새로운 학문』에서 명확하게 논증하고 있듯 민족 최초의 역사가들은 시인이었기 때문이다. 그 연설은 에스파냐 왕위계승전쟁 전체의 원인과 전략과 기회와 일화와 결말로 구성되어 있었다. 그 전쟁은 그 세기의 기억 속에서 가장 큰 전쟁이었는데 비코는 그 전쟁이 얼마나 위대한지를 것을 증명했다. 산테라모 후작 가문의 주세페 카라촐로 공[41]은 진중한 예절과 지혜와 훌륭한 문학적 취향을 가진 사람으로서, 그 연설이 『에스파냐 왕위계승전쟁』[42]이라는 제목을 달고 흰 종이로 된 큰 책으로 제본되었으면 좋겠다고 감사의 마음을 담아 말했다.

또다른 연설은 페트렐라 후작부인 안졸라 침미노[43]가 서거했을 때 쓴 것이었다. 이 고귀하고 현명한 부인은 고매한 사상

40_ "verba ferme poëtarum". 이 말은 다음에서 인용한 것이다. Marcus Tullius Cicero, *De oratore*, 1. 28. 128.

41_ 주세페 카라촐로(Giuseppe Caracciolo)는 필로마리노의 아내 비토리아의 숙부였다. Ⅶ-주29)를 참고할 것.

42_ *Istoria della guerra fatta per la monarchia di Spagna*.

43_ 나폴리 출신의 페트렐라 후작부인 안졸라 침미노(Angiola Cimmino marchesana della Petrella: 1700~1727)는 안드레아 카푸토(Andrea Caputo) 후작의 부인으로서, 27세의 나이로 요절했다. 아름답고 교양이 높았던 그녀는 비코의 제자로서 문학 살롱을 열었는데 그곳에는 비코의 친구들이 많

페트렐라 후작부인 안졸라 침미노. 아름답고 교양이 높았던 그녀는 비코의 제자로서 문학 살롱을 열었다. 27세의 나이로 요절했다.

을 대체로 학식 높은 사람들과 나눴던 자택의 대화에서 돌출되지 않은 자신의 말과 행동으로 사람들에게 가장 바람직한 윤리적 덕성과 사회적 덕성을 고취시켰다. 따라서 그녀를 아는 모든 사람들은 자연스럽게 거의 무의식적으로 그녀를 사랑으로 존경했고 존경으로 사랑했다. 비코는 "그녀가 자신의 삶으로 덕성의 부드러운 엄격함을 가르쳤다"는 논지를 진실과 위엄을 담아 제시하고 싶었다. 또한 그는 여기에서 그리스어의 섬세한 감수성이 라틴어의 장중한 표현을 전달할 수 있는지,

이 방문했다. 그 살롱에 대해서는 H. P. Adams, *The Life and Writings of Giambattista Vico*, pp. 180f.

이탈리아어는 그 두 언어와 어떻게 결합될 수 있는지 시도하려 했다. 이 연설문은 독창적으로 장려하게 인쇄된 4절판[44]에 포함되어 있는데, 모든 저자의 기고문의 첫 글자는 주제에 맞춰 비코가 제공한 기장記章을 사용하여 구리로 박을 입혔다. 서문은 피렌제 출신으로서 라테란 대성당의 참사회 위원인 로베르트토 소스테니 신부[45]가 썼는데, 그는 높은 학식과 온화한 행동으로 자신의 고향에서 사람들에게 즐거움을 주었다. 지나치게 다혈질이어서 때로는 심각하게 아프기도 했고 결국은 오른편에 생긴 종양으로 죽음을 맞이했는데, 그것은 그를 아는 모든 사람들을 슬프게 했다. 어쨌든 그는 자신의 지혜로 그 성격을 잘 제어해서 사람들은 그가 본성적으로 온유한 사람으로 알고 있었다. 그는 대단히 총명한 안톤 마리아 살비니 수도원장[46]의 제자로서 그리스어와 동방의 언어에 대한 지식을 습득했음은 물론 라틴어에도 능통했는데, 특히 시작詩作

44_ 『페트렐라 후작부인 안졸라 침미노의 죽음에 부치는 문학 친구들의 마지막 경배』(*Ultimi onori di letterati amici in morte di Angiola Cimmini marchesana della Petrella*)는 1727년 나폴리의 펠리체 모스카 출판사에서 발간되었다.

45_ Ⅶ-주6)을 참고할 것.

46_ 안톤 마리아 살비니(Anton Maria Salvini: 1653~1729)는 토스카나 출신의 박물학자이자 고전학자로서 그리스어, 라틴어, 히브리어는 물론 영어와 에스파냐어에도 능통했다.

을 잘했다. 그는 카사[47]와 비슷하게 대단히 강건한 문체로 토스카나어를 사용했다. 이제는 상당히 일상적이 된 프랑스어는 차치하더라도 그는 영어와 독일어를 이해했고 터키어도 어느 정도 알았다. 그의 산문은 설득력이 있고 유창했다. 그는 나폴리에 왔던[48] 이유를 친절하게도 공개적으로 언급했는데, 비코가 살비니에게 보냈던 『보편법』을 읽은 뒤 나폴리가 심오하고 엄격한 학문의 연구가 이루어지는 곳임을 알았기 때문이었다고 말했다. 그가 가장 먼저 만나고 싶었던 사람이 비코였다. 그는 비코와 친밀한 서신 교환을 유지했다. 이런 연유로 비코는 그 송덕문에서 그를 기렸던 것이다.

비코가 학식과 고매함으로 잘 알려진 레안드로 디 포르치아 추기경[49]의 동생이었던 잔 아르티코 디 포르치아 백작[50]으로부터 기별을 받은 것은 이 무렵이었다. 그는 학업의 과정에

47_ 조반니 델라 카사에 대해서는 Ⅲ-주11)을 참고할 것.

48_ 1725년 상반기였다.

49_ 레안드로 디 포르치아(Leandro di Porcía: 1673~1740)는 교황 베네딕투스 13세에 의해 1728년 추기경에 임명되었다. 베르가모의 주교였던 그는 1730년과 1740년 두 차례에 걸쳐 교황이 되고자 했다.

50_ 1721년에 『메데아*Medea*』라는 비극을 쓰기도 했던 잔 아르티코 디 포르치아(Gian Artico di Porcía: 1682~1743)는 지식인들로 하여금 자신의 지적 성장 과정을 기술하는 자서전을 독려한 것으로 유명하다. 이에 대해서는 다음을 참고할 것. Harold Samuel Stone, *Vico's Cultural History: The Production and Transmission of Ideas in Naples, 1685~1750*, p. 277.

있는 젊은이들이 더욱 안전하게 안내를 받도록 하려는 생각으로 학문과 원칙으로 저명한 문인들의 지적 전기를 추진하려는 계획을 세웠다. 나폴리 출신 인물들 중에서 그는 여덟을 꼽았고 그중에 비코가 들어 있었다. 여기에서 그들의 이름은 밝히지 않을 것이다. 단지 그가 알지 못했기 때문에 간과했던 대단히 뛰어난 학자들에게 폐가 되고 싶지 않기 때문이다. 그는 베네지아에서 대단히 정중한 편지를 보냈다.[51] 그것은 로마에 있던 수도원장 주세페 루이지 에스페르티[52]를 경유하여 로렌조 치카렐리[53]에게 보낸 것인데, 비코의 자서전을 구해달라고 요청했던 것이다. 비코는 겸손했기 때문인지 자신의 불운을 생각했기 때문인지 그것을 써달라는 요청을 여러 차례에 걸쳐 거절하다가, 치카렐리의 반복되는 정중한 요청에 마침내 동의하게 되었다. 또한 예측할 수 있듯이 그는 철학자로서 그 책을 썼다. 실로 그는 운명의 자연적 도덕적 원인과 그 계기에 대해 깊이 생각했던 것이다. 왜 그는 어렸을 적부터 어떤 종류의 공부에는 끌리고 다른 종류의 공부는 혐오하게 되었는지,

51_ 이 편지는 오늘날 전해지지 않는다.

52_ 생몰 연대 미상의 주세페 루이지 에스페르티(Giuseppe Luigi Esperti)는 바를레타(Barletta) 출신의 변호사였다. 그 뒤 나폴리에서 수도원장이었다가 로마의 참사회 위원이 되었다.

53_ 생몰 연대 미상의 로렌조 치카렐리(Lorenzo Ciccarelli)는 당시 나폴리의 출판업자로서 갈릴레오와 보카초의 저작을 나폴리에서 출판했다.

어떤 계기나 장애물이 그의 진척을 촉진시키거나 지연시켰는지를 깊이 생각했다는 것이다. 마지막으로 그는 자신의 인식이 이끌었던 스스로의 노력에 대해 깊이 생각했다. 그것은 그의 최종적인 업적 『새로운 학문』에서 결실을 맺게 된 성찰이었는데, 그것은 그의 학문적 생활 자체가 그 성찰과 다를 바 없었음을 증명한 것이었다.[54]

54_ 니콜리니는 자신이 편찬한 『비코 전집』에서 "결론적으로 그의 개인적 삶이 『새로운 학문』에서 논증한 역사의 섭리라는 원리에 적용된 것"이라는 설명을 각주로 달았다. Vico, *Opere*, I, p. 75, n. 7. 크로체 역시 "비코의 『자서전』은 『새로운 학문』의 정신 속에서 씌어졌다"고 말했다. Benedetto Croce, *La filosofia di Giambattista Vico*, Bari, 1933, p. 311. 초판본은 1910년에 나왔고 여기에서 참조한 것은 1933년에 나온 수정된 판본이다. 그 초판본은 다음과 같이 영어로 번역되었다. *The Philosophy of Giambattista Vico*, tr. R. G. Collingwood, 1913, p. 226.

VIII

"반론"과 『새로운 학문』 재판본

(1728~1731)

그러는 사이에 『새로운 학문』은 이탈리아에서도 특히 베네지아에서 유명해졌다. 그 당시 나폴리에 상주하던 베네지아의 외교관[1]이 베네지아에서 받은 수많은 요청 때문에 그 책을 냈던 펠리체 모스카 출판사[2]에 남아 있던 모든 책을 구입했고, 찾을 수만 있다면 얼마든지 자신에게 보내달라고 요구했던 것이다. 그리하여 3년 만에 그 저작은 너무도 진귀해져 12절판의 288쪽이라는 작은 책임에도 불구하고 2스쿠도 또는 그 이상에 거래되었다. 이 무렵 비코는 자신이 별로 들르지 않는 우체국에 자신이 수취인으로 된 편지들이 와 있다는 것을 알았다. 그중 하나는 베네지아 공화국의 신학자였던 프란

1_ 그 외교관의 이름은 조반니 주카토(Giovanni Zuccato)였다.
2_ Ⅳ-주3)을 참고할 것.

체스코 수도회의 카를로 로돌리 신부[3]에게서 온 것이었다. 그것은 1728년 1월 15일에 보낸 편지였는데, 그 이후 일곱 차례의 우편물 꾸러미가 더 도착해 있었던 것이다.[4] 이 편지에서 로돌리 신부는 다음과 같은 어조로 베네지아에서 그 책을 재출간할 수 있겠느냐고 요청했다.

> 여기 베네지아에서 『여러 민족의 본성에 관한 새로운 학문의 여러 원리』라는 귀하의 심원한 책은 재능 있는 사람들의 손에서 손으로 전달되면서 읽으면 읽을수록 더 큰 찬탄을 불러오며 그 저작을 저술한 귀하의 정신을 높이 평가하게 만들고 있습니다. 이 책에 대한 칭찬과 논의가 그 명성을 더욱 널리 전파시키면서 이 책을 찾는 사람들도 점점 늘고 있고, 이 도시 베네지아에서 더이상 구할 수 없게 되자 어떤 사람들은 나폴리로 주문을 하고 있습니다. 그러나 이것은 거리 때문에 상당히 불편하기 때문에 어떤 사람들은 베네지아에서 재출간하자는 생각을 갖게 되었습니다. 저도 이러한 계획에 동의하고 있어

3_ 카를로 로돌리(Carlo Lodoli: 1690~1761) 신부는 고전 언어와 건축과 수학에 조예가 깊었으며 베네지아에서 인쇄하거나 수입하는 모든 책을 검열하던 직책을 맡았다.

4_ 보통 우편물로 베네지아에서 나폴리까지 일곱 차례 도착하기 위해서는 대략 두 달이 걸렸다. Vico, *Opere*, I, p. 77, n. 6.

저자인 귀하에게 먼저 조언을 구하는 것이 적절하리라고 생각했습니다. 먼저 이 계획에 귀하께서 동의하시는지, 다음으로는 덧붙이거나 수정할 것이 있는지 알고 싶습니다. 그렇다면 제게 그것을 알려주는 친절을 베풀어주시기 부탁드립니다.

로돌리 신부는 위대한 형이상학자이자 수학자로서 심원한 지혜를 갖고 있는 베네지아의 귀족 안토니오 콘티 수도원장[5]의 편지를 동봉하여 자신의 요청에 힘을 실었다. 학문의 여정에서 콘티는 뉴턴[6]과 라이프니츠와 그 밖에 우리 시대를 선도하는 다른 학자들의 높은 평가를 얻었고, 그의 비극 『카이사르』는 그를 이탈리아와 프랑스와 영국에서 유명하게 만들었다. 그러한 고결성과 학식에 버금가는 예의를 지키며 그는 1728년 1월 3일 비코에게 다음과 같은 편지를 보냈다.

탁월하신 귀하여, 귀하의 『새로운 학문의 원리』를 〔재〕출간하겠다고 요청한 존경하는 로돌리 신부보다 모든 연구의 분야에

5_ 안토니오 스키넬라 콘티(Antonio Schinella Conti: 1677~1749)는 파도바 출신의 수학자, 철학자로서 1699년 베네지아의 오라토리오 수도회 소속 수도승이 되었다. 그는 프랑스의 극작가 라신, 영국의 시인 알렉산더 포프를 번역한 것으로도 명성이 높다.

6_ 콘티는 뉴턴의 추천으로 런던 왕립 학회의 통신원이 되었다.

서 능통한 통신원이나 더 영향력이 있는 서적상을 찾기는 어려우실 것입니다. 저 자신은 그 책을 처음으로 읽고 즐기고 친구들에게 그 즐거움을 알려준 사람들 중 한 명입니다. 그들 모두는 이탈리아어에서 그 책보다 더 학문적이고 철학적인 문제를 포함하고 있으면서 독창적인 책은 없다는 사실에 동의하고 있습니다. 저는 그 책의 간결한 축약본을 프랑스에 보내 윤리학과 법학은 물론 연대기와 신화의 관념에 추가하거나 수정할 여지가 있는지 프랑스인들이 살펴보라고 했습니다. 그들이 그 분야에서 많은 연구를 했기 때문이지요. 영국인들도 그 책을 보면 똑같은 고백을 해야 할 것입니다. 그렇지만 더 좋은 활자를 이용하여 이 책을 출판하여 더 널리 알려지도록 만들 필요가 있습니다. 탁월하신 귀하께는 적절하다고 생각된다면 그 어떤 것이라도 추가하실 시간을 드릴 것입니다. 그 지식과 학문의 범위를 더 확장하거나 단지 경미하게 다뤘던 어떤 관념을 부연하여 설명하더라도 무방합니다. 저는 책의 서두에 그 책이 다루고자 하는 여러 문제에 대한 원리와 그 원리로부터 귀결되어 미래까지 확장되는 조화로운 체계를 설명하는 서문을 두었으면 좋겠다고 조언하고 싶습니다. 그것은 전체적으로 귀하의 관념이 그리도 장엄하고 풍요롭게 만든 영원한 역사의 법칙에 의존해야 합니다.

우체국에 놓여 있던 또다른 편지는 앞서 우리가 칭찬한 바 있던 조반 아르티코 디 포르치아 백작[7]으로부터 온 것이었다. 그가 12월 14일에 비코에게 보낸 편지는 다음과 같다.

> 콘티 수도원장과 함께 귀하의 덕성에 대한 높은 평가를 재확인하며 귀하의 탁월성에 대한 존경을 보여주신 로돌리 신부로부터 『새로운 학문의 원리』에 대한 귀하의 경탄할 만한 저작을 재출간할 사람을 찾을 것임을 확인했습니다. 귀하께서 더 추가할 것이 있으시다면 충분한 재량을 드리겠습니다. 요컨대 귀하는 이제 학자들마다 그들이 표현한 것보다 훨씬 더 많은 것을 이해하게 만들었다고 확언하고 걸작이라고 인정하는 그 저작을 확대시킬 지면을 얻으신 것입니다. 저는 귀하에게 충심으로 축하를 보내며 당신의 강건하고 깊은 정신의 산물이 결국은 인정을 받을 것임을 확신합니다. 당신의 저작에 분별력과 지성을 갖춘 독자들이 있는 만큼 행운이 따르기를 기원합니다.

그리도 많은 사람들의 정중한 요청과 권위 있는 격려를 고려하여 비코는 재출간에 동의하면서 주석과 추가할 내용을

7_ Ⅶ-주50)를 참고할 것.

써야 할 필요성을 느꼈다. 앞서 말했던 이유 때문에 편지를 쓰는 것이 지체되었는데, 이러한 처음의 편지들에 대한 비코의 답신이 베네치아에 도달할 무렵 콘티 수도원장은 비코와 그의 저작에 대한 각별한 애정 때문에 1728년 3월 10일에 다음의 두번째 편지로 비코를 영광스럽게 만들었다.

두 달 전에 저는 귀하에게 편지를 썼는데, 그것은 존경하는 로돌리 신부의 편지에 동봉되어 귀하에게 전해졌을 것입니다. 어떤 답신도 받지 못했기 때문에 저는 다시 귀하를 번거롭게 해드리려고 합니다. 그 이유는 단지 제가 귀하를 얼마나 찬양하며 귀하의 『새로운 학문의 원리』에서 풍요롭게 솟아나는 광휘의 혜택을 받기를 얼마나 바라고 있는지 알려드리려는 것뿐입니다. 프랑스에서 돌아온 뒤 저는 큰 즐거움을 갖고 그 책을 읽었으며, 귀하의 비판적, 역사적, 도덕적 발견은 새로울 뿐만 아니라 가르침을 줍니다. 이 책을 더 좋은 활자와 더 멋진 판형으로 다시 출판하려는 사람들이 있습니다. 로돌리 신부가 그 계획을 세웠는데, 그는 귀하에게 그에 대해 이미 편지를 보냈다고 제게 말해주었습니다. 그는 같은 주제에 대한 귀하의 다른 논문이 있는지, 또는 현재의 장절에 덧붙여 설명할 자료를 이미 갖추고 계신지 요청하였다고 합니다. 포르치아 백작은 로돌리 신부에게 귀하의 『새로운 학문』에서 확립한 역사적 비판적 체계의 전개 과정에 대한 수많은 박식한 논평을 포함하고 있는 『자서전』을 보냈습니다. 그 책도 요구가 많으며 그 책의 윤곽을 제가 알려줬던 수많은 프랑스인들이 그 책을 열렬히 주문하고 있습니다.

이 편지는 비코에게 자신의 저작에 대한 주석과 논평을 써야 한다는 더 큰 자극이 되었다. 거의 2년에 걸쳐 그 작업을 하는 동안[8] 포르치아 백작은 여기에서 밝힐 필요가 없는 일을 계기로 출판된 저작이나 학자로서의 평판으로 명성이 높은 사람들에게 보낼 "이탈리아 학자들에게 보내는 제안서"[9]의 일부를 인쇄하겠다는 편지를 보냈다. 그 제안은 앞서 언급했던 것처럼 학업의 과정에 있는 젊은이들이 더욱 안전하고 더욱 효과적으로 진척을 이루어 혜택을 받을 수 있는 방식으로 학자들이 자신의 학문적 삶에 대해 기술하도록 하려는 것이었다. 포르치아 백작은 하나의 표본으로서 이미 비코가 보냈던 전기를 첨부하기를 원했다. 왜냐하면 그에게는 그것이 자

8_ 1728년 3월부터 1729년 9월까지.

9_ 「이탈리아 학자들에게 보내는 제안서*Progetto a' signori letterati d'Italia*」는 1721년부터 수집되기 시작하였지만 당시까지 출판되지 않은 형태로 꽤 많은 이탈리아의 학자들에게 유통되었는데, 그중에는 무라토리가 포함되어 있었다.

신이 수집한 수많은 사례 중에서 자신의 계획에 가장 맞아떨어지는 것처럼 보였기 때문이다. 이에 대해 비코는 전에 자신의 자서전이 다른 사람들의 자서전과 함께 인쇄되어야 한다고 생각했었고, 그렇게 영광스러운 무리의 마지막 사람이 될지라도 큰 영광일 것이라고 포르치아에게 말한 적도 있기는 하지만, 그 계획을 실행하지 말아달라고 애원했다. 왜냐하면 비코는 자신이 포르치아의 목적을 수행할 수 없을 것이며 자신의 탓이 아닌데도 다른 사람들의 시샘 때문에 고통을 받게 될지 모른다는 이유 때문이었다. 그러나 이 모든 것에도 불구하고 백작은 자신의 의도를 굳건히 했고, 그러자 비코는 로마에 있는 수도원장 주세페 루이지 에스페르티와 베네지아에 있는 로돌리 신부를 통해 거듭 항의했다. 로돌리 신부는 백작이 비코의 『자서전』과 함께 "제안서"를 출판하려 한다는 것을 알았다. 자신의 『소논문집』[10]의 제1권에 비코의 『자서전』을 수록했던 칼로제라 신부[11]는 그 서문에 발리스니에리[12]에게 보낸

10_ 이 『소논문집*Raccolta degli opuscoli eruditi*』이 바로 포르치아 백작의 "제안서"였다. 포르치아는 다른 사람의 도움을 얻어 이 책을 냈고, 그 책의 127~143쪽에 비코의 『자서전』의 결론을 축약하여 실은 것이다.

11_ 안젤로 칼로제라(Angelo Calogerà: 1699~1766) 신부는 파도바 출신의 카말돌리 수도회 수도사였다. 그는 로돌리 신부와 마찬가지로 베네지아 공화국의 서적 검열관이었다.

12_ 안토니오 발리스니에리(Antonio Vallisnieri: 1661~1730)는 의사이자 박물학자로서 1700년 이후에는 파도바 대학교 의대의 교수였다. 그는 갈릴레오학파

비코의 편지를 인용함으로써 그가 자서전을 쓰기 원하지 않는다는 것을 세상에 알렸다.[13] 이런 맥락에서 칼로제라 신부의 친절함은 인쇄업자의 불친절함에 의해 상쇄되었다. 그 인쇄업자는 판형을 잘못 잡은 것은 물론이고 중요한 문맥에서 수많은 실수를 저질렀다. 게다가 『자서전』에 부착되어 있던 비코의 저작에 대한 카탈로그의 말미에는 다음과 같은 알리는 글이 인쇄되어 있었다. "『여러 민족의 본성에 관한 새로운 학문의 여러 원리』, 베네지아 출신 저자의 '주석'과 함께 새롭게 인쇄 중."

뿐만 아니라 거의 같은 시기에 『새로운 학문』에 대한 비열한 거짓 정보가 『라이프치히 학자 회보』[14] 1727년 8월호의 새 책을 소개하는 난에 실렸다. 그 평자는 책의 제목을 단지 『새로운 학문』이라고 함으로써 그것이 다루고 있는 주제를 설명하는 부분을 빠뜨려 서평자의 일차적인 의무를 게을리 했다. 책의 크기도 틀려서 실제로는 12절판인데 8절판이라고 말했다. 저자에 대해서도 거짓말을 해서 비코 가문 출신의 "수도원장"인 어떤 이탈리아 친구라고 말했지만, 실제로 비코는 "수

의 실험에 의존한 과학을 신봉하던 사람이었다.

13_ 그것은 동시에 비코가 『새로운 학문』의 재판본 준비에 몰두하고 있다는 사실을 알린 것이기도 했다.

14_ 『라이프치히 학자 회보*Acta eruditorum lipsiensia*』, (8, 1727, p. 283).

도원장"이 아니라 누군가의 아버지일 뿐만 아니라 할아버지이기도 했다. 그는 비코가 자연법의 체계나 어쩌면 '우화'를 다룬다고 말했다. 그는 그 책에서 논하고 있는 민족의 자연법과 윤리 신학자들이 논해왔던 철학자들의 자연법을 구분하지 못했다. 그는 철학자들의 자연법이 『새로운 학문』의 소재라고 했지만, 그것은 [거기에서 파생된] 추론에 불과하다. 그는 이 저작이 지금까지 철학자들이 사용해왔던 것과는 다른 원리를 도출해냈음을 지적했다. 그러는 과정에서 그는 의도하지 않았지만 진실을 드러냈는데, 왜냐하면 옛 원리로부터는 "새로운 학문"이 도출될 수 없기 때문이다. 그는 마치 기독교의 모든 종파는 물론 모든 종교가 신의 섭리에 바탕을 두고 있다는 것을 부정하는 듯 이 저작이 로마 가톨릭교회의 취향에 적절하다고 지적한다. 그리하여 그 평자는 스스로를 에피쿠로스주의자나 스피노자주의자라고 비난하는 것인데, 그 저자인 비코에 대해서는 오히려 비난이 아니라 독실하다는 최대의 찬사를 더해준 것이었다. 비록 그는 이 책이 그로티우스와 푸펜도르프의 학설을 공들여 반박하고 있다고 고찰하고 있지만 그 학설의 세번째 제왕인 셀든은 제외시키고 있다.[15] 어쩌면 셀

15_ Ⅳ-주55)를 참고할 것.

든이 히브리어에 능통하지 않았기 때문이 아닌지 모를 일이다. 그는 저자가 진실보다는 창의력[16]을 만족시키고 있다고 판단했다. 여기에서 비코는 본론에서 벗어나 창의력과 웃음, 예리함[17]과 기민함[18]의 심원한 원칙을 다뤘다. 즉 창의력은 언제나 진실을 대상으로 하며 예리한 말의 아버지인 반면 나약한 상상력은 기민함의 어머니라는 것이다. 또한 그는 조롱이란 인간적이라기보다는 야수적임을 논증했다. 또한 그 평자는 저자가 자신의 추론이 너무 커서 길을 잃었다고 말했다. 그리함으로써 그는 동시에 그의 추론이 엄청나다는 것을 고백하였던 것이다. 또한 그는 비코가 자신의 새로운 비판 기술을 민족의 창건자들에게 적용시켰다고 말했다. 그러나 사실상 그 민족들 사이에서 작가들이 출현한 것은 최소한 1천 년 이후의 일이었기 때문에 그 새로운 비판의 기술은 그 작가들의 권위를 이용할 수 없었다. 마지막으로 그는 이탈리아 사람들이 그 저작에 환호하기보다는 지루하게 받아들였다고 결론을 내렸다. 반면 그 책은 출판된 지 3년 만에 대단히 진귀해져 앞서 말했던 것처럼 책 한 권이 발견되면 높은 가격에 팔렸다.

16_ 원어는 "ingegno".
17_ 원어는 "acuti".
18_ 원어는 "arguti".

그럼에도 이탈리아의 한 불경한 거짓말쟁이가 라이프치히의 학식 높은 개신교도에게 자신의 국가 전체가 가톨릭 교리를 포용하고 있는 그 책에 불만을 갖고 있다고 알려줬던 것이다!

비코는 이에 대응해야 할 필요를 느껴 12절판으로 된 작은 책자 『라이프치히 학자 회보에 대한 비망록』[19]을 냈다. 그 [서평에 대한] 소식을 들었을 당시 그는 목에 생긴 회저[20]로 인한 궤양 때문에 지식과 경험이 대단히 풍부한 의사 도메니코 비톨로[21]로부터 위험한 황화수은 치료를 받아야 할 거라는 권고를 받았다. 그것은 젊은이에게도 중풍을 유발하며 신경에 악영향을 미칠 수 있는 위험한 요법이었는데, 비코는 예순이 된 노인이었다. 비코는 그 서평에 대한 대답에서 그 거짓말을 시작한 자를 여러 가지 이유로 "미상의 방랑자"[22]라고 불렀다.

19_ 『라이프치히 학자 회보에 대한 비망록*Notae in Acto lipsiensia*』은 1729년 가을에 펠리체 모스카 출판사에서 출판되었는데, 보통은 『비코의 반론*Vici Vindiciae*』이라는 제목으로 알려져 있다.

20_ Ⅳ-주36)을 참고할 것.

21_ 도메니코 비톨로(Domenico Vitolo: ?~1732)는 비코와 나폴리 대학교의 동료 교수로서 1685년부터 의학 실습을 담당했다.

22_ "미상의 방랑자"(vagabondo sconosciuto, 라틴어로는 Ignotus erro)로 비코가 심중에 두었던 인물은 빈에서 망명 생활을 하던 피에트로 잔노네였다. 잔노네에 대해서는 Ⅳ-주11)을 참고할 것. 그러나 니콜리니는 또다른 후보자로서 나폴리 출신의 학자 니콜라 카파소(Nicola Capasso: 1671~1745)를 꼽고 있다. 그는 잔노네와 비코의 경쟁자로서 당시 『라이프치히 학자 회보』와 협력하는 관계에 있었다. Vico, *Opere*, I, p. 82, n. 3.

비코가 "미상의 방랑자"라고 불렀던 잔노네. 유랑 지식인으로서 비코와는 악연 관계에 있었다.

그는 그 추악한 비방의 바닥까지 파고들어가 그것이 다섯 가지 목적을 갖고 날조된 것임을 증명했다. 첫번째로 그것은 저자에게 불쾌감을 주려는 것이었다. 두번째로 그것은 라이프치히의 독자들로 하여금 그릇되고 허황되고 가톨릭적이고 저자도 알려지지 않은 책을 찾지 않도록 만들기 위함이었다. 세번째로 그럼에도 불구하고 누가 그 책을 찾으려고 한다면 제목과 판형과 저자의 신분을 누락하거나 날조함으로써 그것을 찾기 어렵게 만들려는 것이었다. 네번째로 그래도 누군가가 이 책을 찾았다면 이 책이 [서평에서] 묘사된 것과 달라서 다른 저자의 작품으로 생각하도록 만들기 위함이었다. 다섯번째로 그 작가가 그 뛰어난 독일인들의 좋은 친구처럼 보이려고 만들기 위함이었다. 비코는 라이프치히의 비평가들을 유명한 나라의 학자에 걸맞게 예의를 갖춰 다루었다. 또한 그는 그들에게 미래에는 스스로 친구라고 공언하는 자들과 친구를 혼동하는 사람들에 대해서 두 가지 점에서 조심하라고 경고했다. 첫번째는 그 『회보』에 그들이 읽지 않은 책에 대한 서평이나 견해를 싣지 말라는 것이고, 두번째는 같은 책에 대해 모순적인 판단을 내리지 말라는 것이었다. 그 "미상의 방랑자"에 대해서는 자신의 국가에 대해 그릇된 정보를 제공하면서 비열하게 외국인들을 오도하며 친구를 적보다 더 나쁘게 대하는 종류의 인간이니 인간의 세계를 떠나 아프리카의 사막에서 짐승과 함께 살라고 훈계했다. 그는 이 대답 한 부를 그 학회의 회장이자 당시 폴란드 국왕의 수상이었던 부르크하르트 멩켄23에게 보내는 다음의 편지와 함께 보내려고 했었다.

잠바티스타 비코가 고명한 라이프치히 과학 학회와 존경하는 그 회장 부르크하르트 멩켄에게 인사 올립니다.

23_ 요한 부르크하르트 멩켄(Johann Burckhardt Mencken:1674~1732)은 당시 폴란드의 국왕이자 작센 선제후였던 프리드리히 아우구스트 2세(Friedrich August II: 1670~1733)의 재상이었다. 그의 부친 프리드리히 오토 멩켄(Friedrich Otto Mencken: 1644~1707)이 『라이프치히 학자 회보』를 창간했다.

제 불운에 귀하 역시 관련되어 있다는 것은 제게 크게 유감스러운 문제입니다, 고명하신 귀하여. 귀하의 『회보』에 실린 저와 『여러 민족의 인간성에 관련된 새로운 학문의 여러 원리』라는 제목의 저의 책에 대해 이탈리아 친구를 가장하는 사람에게 기만당한 불운을 말씀드리는 것입니다. 그렇지만 저의 슬픔은 그의 악의와 질투와 나쁜 신앙을 질책해야 하는 위치에 있음에도 거기에 귀하의 결백함과 후의와 좋은 신앙은 전혀 무관한 방식으로 그 일이 일어났다는 사실에 위안을 받습니다. 따라서 제가 동봉한 그 얇은 책에서 그가 행한 무례와 그에 대한 수정 요구를 귀하의 덕성과 그에 대한 찬양과 함께 포용하는 것도 가능하리라고 봅니다. 따라서 제가 그 『비망록』을 출판한 것이 전반적으로는 귀하의 학문의 명예를 옹호하기 위한 것이기 때문에 그것이 귀하에게 결례가 된 것이 아니라 오히려 귀하의 호의를 얻을 기회가 되었기를 바랄 뿐입니다. 부르크하르트 멩켄 각하, 귀하는 당신의 뛰어난 학문으로 그 고명한 학자들의 학회에서 우두머리의 자리에 오르신 것입니다. 건승을 기원합니다. 나폴리에서 1729년 10월 19일.

이 편지를 보면 알 수 있듯 그것은 최대한의 예의를 갖춰 쓴 것이었다. 그렇지만 그렇다 할지라도 그것은 그 학자들이

의무를 심각하게 훼손하였음을 공개적으로 비난한 것이었다. 왜냐하면 유럽에서 인쇄되어 나오는 그 어떤 것이라도 검토해야 하는 것이 그들의 의무였기 때문이다. 그들은 자신의 영역에서 나오는 그 책들에 대해 특히 주의를 기울여야 했던 것이다. 따라서 비코는 그 편지를 보내지 않는 편이 더 예의를 갖추는 일이라고 생각하고 그렇게 결정했다.

이제 당면한 문제로 돌아가도록 하자. 비코는 라이프치히의 명예로운 비평가들에게 대답을 해야 할 의무를 느끼는 순간에도 베네지아에서 진행되고 있던 재판본에 대해 언급해야 할 필요가 있다고 생각했다. 그는 앞서 언급했던 로돌리 신부의 요청을 받아들였고 그에 따라 베네지아에서 『새로운 학문의 원리』에 저자의 주석을 달아 다시 출판한다는 것을 공개한 것이었다.

이 시점에서 학자를 자처하던 베네지아의 인쇄업자들이 나폴리의 서적상 제사리[24]와 출판업자 모스카[25]를 통해 출판되지 않은 것까지 포함하여 앞서 언급했던 카탈로그에 나오는 비코의 모든 저작을 구하고 있었다. 그들의 말에 따르면 그들은 그 책들로 박물관을 장식하고 싶다고 말했다는 것이지만,

24_ 베르나르디노 제사리(Bernardino Gessari).
25_ Ⅳ-주3)을 참고할 것.

사실은 전집을 출판하면서 거기에 『새로운 학문』을 싣게 되면 손쉽게 판매 부수를 늘릴 수 있으리라는 기대를 했던 것이다. 비코는 그들이 실제로 누구인지 알고 있다는 것을 보이기 위해 자신의 고갈된 창의력에서 나온 나약한 저작들 중에서 『새로운 학문』 한 권만이 세상이 남아 있기를 바란다고 말하며 그 책은 베네지아에서 이미 다시 인쇄되고 있다는 사실을 알려주었다. 게다가 비코는 자신의 죽음 뒤에도 그 재판본의 판권을 인쇄업자에게 확보해주기 위해 부정의 방법으로 자신의 원리를 증명했던[26] 거의 500장에 달하는[27] 그 원고를 너그럽게 로돌리 신부에게 제공했다. 그 방법으로 『새로운 학문』은 훨씬 더 방대한 책이 될 수도 있었다. 실로 나폴리 성당의 참사회 위원이자 대단히 박학한 신학자였던 줄리오 토르노[28]는 비코의 일에 큰 관심을 갖고 몇몇 동료들과 함께 그곳 나폴리에서 그 원고를 출판하고자 했다. 그러나 비코는 이미 긍정의 방법으로 자신의 원리를 확립시켰음을 지적하면서 요청을 거두게 했다.

최종적으로 1729년 10월 로돌리 신부는 베네지아에서 출

26_ VI-주4)를 참고할 것.
27_ 바꿔 말해 "1000쪽에 달하는".
28_ VI-주5)를 참고할 것.

판되었던 책에 대한 교정과 주석과 논평을 합하여 거의 3백 장에 달하는[29] 수고手稿를 받았다.

이제 두 번에 걸쳐 『새로운 학문』이 베네지아에서 추가된 내용과 함께 다시 출판될 것이라는 소식이 인쇄되어 나왔고 원고 전체도 도착했기에[30] 그 재판본의 출판을 책임진 사람[31]은 마치 비코가 그 책을 베네지아에서 출판해야만 하는 것처럼 취급하기 시작했다. 이 일을 자신의 평판과 관련된 문제로 받아들인 비코는 자신이 보냈던 모든 자료를 반환시켰다. 그 반환은 여섯 달이 지난 뒤에야 마침내 이루어졌고, 그때 이미 이 저작의 인쇄는 절반 정도가 진행 중이었다.[32] 그런데 앞서 말했던 이유 때문에 비코는 나폴리에서건 다른 곳에서건 그 저작의 비용을 부담하면서 출판할 곳을 찾지 못했기 때문에 비코는 다른 방도를 생각해야 했다. 그 다른 방도가 아마도 가장 적절한 방편이었겠지만, 꼭 해야 할 필요성이 없었다면 생각조차 하지 않았을 계획이었다. 이미 출판된 책[33]과 비교

29_ 즉 "거의 600쪽에 달하는".

30_ 1729년 12월.

31_ 그는 베네지아의 서점 주인이자 출판업자였던 프란체스코 피테리(Francesco Pitteri)로 추정된다. 그의 생존 연대는 알려져 있지 않다.

32_ 이것은 베네지아가 아닌 나폴리에서 1730년에 발간된 『새로운 학문』 재판본의 진행 상황을 가리킨다.

33_ 즉 1725년의 『새로운 학문』 초판본.

해보자면 그 차이는 뚜렷했다. 초판본의 산만하고 분산된 주석을 따르는 대신 대단히 많은 새로운 자료가 이제 단일한 정신으로 구성되고 정리되었다. 적절하게 설명한 것 때문이라기보다는 이렇게 정리한 것에 힘입어 재판본은 초판본에 [베네지아에 보냈던] 수고를 더해봐야 세 장밖에[34] 더 늘어나지 않았다. 이를테면 민족들의 자연법의 속성을 다룬 부분을 그 예로 들 수 있는데, 최초의 방법에서는 제2장 제7절에서 이 문제를 논의했는데, 새로운 방법에서는 단 몇 줄로 정리되었던 것이다.

그렇지만 비코는 초판본에서 자신이 충분히 만족한다고 생각했던 세 곳은 그대로 놔두었다. 『새로운 학문』의 초판본이 계속 출판되어야 할 필요가 있는 일차적인 이유가 바로 그 세 곳에 있다.[35] 그가 『새로운 학문』이나 "주석이 있는 저작"

34_ 즉 여섯 쪽밖에.

35_ 니콜리니와 크로체가 편찬한 『새로운 학문』 초판본은 물론, 그것을 저본으로 삼은 영역본과 일역본에서도 그 세 곳을 제3권의 30장, 38장, 43장으로 밝히고 있다. 그것은 니콜리니가 편찬한 본서 저본의 경우에도 마찬가지이다. 반면 툴리오 그레고리(Tullio Gregory)는 1725년 나폴리에서 발간된 『새로운 학문』의 초판본을 당시의 석판 인쇄의 원판에 따라 복원시켜 1979년에 발간했다. 거기에서는 그 세 곳이 각기 제3권의 29장, 36장, 41장인 것으로 확인된다. Giambattista Vico, *Principj di una scienza nuova intorno alla natura delle nazioni: Ristampa anastatica dell'edizione Napoli 1725, seguita da concordanze e indici di frequenza*, Tullio Gregory (ed.), Edizioni dell' Ateneo & Bizzari, Roma, 1979. 참고로 그 세 장의 제목은 앞부

에서 인용한다고 말했을 때 그는 이 판본을 지칭하였던 것이며, 반면 "그의 다른 저작"에서 인용한다고 말했을 때에는 『보편법』의 세 권을 뜻했던 것이다. 따라서 『새로운 학문』의 재판본이 발간된다 할지라도 초판본도 함께 발간되거나 아니면 최소한 그 세 곳이 누락되지 않도록 그곳만이라도 인쇄되어야 했다. 반면 비코가 『새로운 학문』에 비해 덜 만족해했고 실로 그 윤곽을 잡기 위한 소론에 불과했던 『보편법』이 잊히지 않도록 하기 위해서는 두 곳만 남겨놓는다 하더라도 충분하다고 판단했다. 그 하나는 『12표법』이 아테네로부터 전해졌다는 신화를 다룬 부분이고, 다른 하나는 트리보니아누스[36]의 "왕의 법"에 대한 신화[37]를 다룬 부분이다. 이에 대해서는 두 개

터 다음과 같다. "이교도 문장(紋章)의 기원의 새로운 발견Nuova Scoverta dell'origini delle Insegne Gentilizie", "라틴어와 그 선례를 따른 다른 모든 언어의 참된 기원Scoverta delle vere Cagioni della Lingua Latina, ed al di lei esempio, delle altre tutte", "모든 민족에 공통적인 정신적 어휘의 사전에 대한 관념Idea di un Dizionario de Voci Mentali, comune a tutte le Nazioni".

36_ 트리보니아누스(Tribonianus: 485?~542)는 동로마제국의 법학자로서 『유스티니아누스 대법전』의 편찬을 총괄했다.

37_ 비코에 따르면 "왕의 법"은 자연적으로 도입된 것인데, 트리보니아누스가 자신이 그 법의 저자라고 공언했다가 다른 곳에서는 울피아누스의 저작이라고 말함으로써 후대의 법학자들을 혼란에 빠뜨리게 만든 일을 말한다. 이에 대해서는 잠바티스타 비코, 『새로운 학문』, 조한욱 옮김, 아카넷, 2019, 장절 1007~1008을 참고할 것.

의 논고를 통해 더 큰 통일성과 엄밀성을 갖고 다루었다.[38] 그 두 신화는 장 르클레르크가 『고대와 근대의 도서』에서 그 책과 관련하여 "가장 이해력이 뛰어난 비평가들조차 간과했던 많은 범속한 오류들을 수정하고 있다"고 평했던 그 내용이었다.[39]

비코가 자신의 저작에 대해 어떤 사람들이 내렸던 우호적인 평가에 만족하지 못하여 훗날 그것을 부인하고 논박하였던 것은 그의 자만 때문이 아니었음은 밝혀져야 한다. 오히려 그것은 비코가 그들에게 보내던 극도의 존경과 높은 평가의 증거이다. 미숙하고 오만한 작가들은 다른 사람들의 정당한 비판이나 합리적인 교정에 대해 자신의 저작을 옹호한다. 어떤 사람들은 작은 마음 때문에 자신의 저작에 주어진 호의적인 판단만으로 스스로를 채우면서 그 저작을 감연히 완벽하게 만들려고 하지 않는다. 그러나 비코에게 위대한 사람들의 칭찬은 자신의 저작을 수정하고 보충하고 더 좋은 형태로 변화시키려는 마음을 북돋워주었다. 그리하여 그는 부정적인 방법을 통하여 원리를 찾으려고 했던 주석[이 있는 저작]을 비

38_ 그 두 논고는 『법학자의 일관성에 대하여』와 『문헌학의 일관성에 대하여』이다. V-주10)과 V-주16)을 참고할 것.

39_ V-주25)와 관련된 이후의 본문 내용을 참고할 것.

난했다.[40] 왜냐하면 그 방법은 비일관성과 부조리성과 불가능성 속에서 증거를 찾으려 하는데, 그 추악한 관점 때문에 이해를 돕는 것이 아니라 가로막는다. 반면 긍정의 방법은 인간 정신에 즐거움과 영양을 주는 진리를 아름답게 만듦으로써 일관성과 조화와 균일성을 앞세워 자체를 드러낸다. 더구나 비코는 『보편법』에 불만이 많았다. 왜냐하면 이 책에서 그는 플라톤과 그 밖의 명석한 철학자들의 정신으로부터 민족 창건자들의 어리석고 단순한 정신으로 내려오려고 했지만, 사실은 그 반대의 과정을 밟아야 했었기 때문이다. 그리하여 그는 어떤 문제에 있어서 과오를 범하게 되었던 것이다. 『새로운 학문』의 초판본에서 그는 소재에 있어 과오를 범하지 않았을지라도 그 순서에 있어서는 과오를 범했다. 왜냐하면 그는 관념의 원리와 언어의 원리를 구분하여 다뤘지만 사실 본성에 있어 그 둘은 같은 것이었기 때문이다. 게다가 비코는 그 학문의 소재도 그 두 가지의 원리로부터 따로따로 이끌어내는 방법을 논했는데, 실은 그 둘 모두로부터 함께 이끌어내야 했다. 따라서 순서에 있어서도 수많은 과오가 있었던 것이다.

이 모든 것들이 『새로운 학문』의 재판본에서는 수정되었

40_ 『부정적 형태의 새로운 학문』을 가리킨다. VI-주4)을 참고할 것.

다. 그러나 비코는 아주 짧은 시간 안에 그 책에 대해 숙고하고 집필해야 했다. 거의 인쇄기 옆에서 거의 운명적인 영감을 갖고 그는 급박하게 그 책에 대해 숙고하고 집필했다. 그리하여 성탄절 아침에[41] 시작한 그 일은 부활절 일요일[42] 저녁 아홉 시에 끝났다. 그 뒤 이 저작의 절반 이상이 인쇄된 이후 베네지아로부터 그에게 최종적으로 긴박한 상황이 발생했는데,[43] 그는 이미 인쇄된 것에서 43장을[44] 줄여야 한다는 통보를 받았던 것이다. 거기에는 책에 대한 홍보가 포함되어 있었는데 이 일과 관련된 로돌리 신부와 비코 사이의 모든 편지와 그들의 생각이 순서대로 인쇄되어 있었다. 이제 그 빈자리를 메우기 위해 그 책의 표제화[45]와 그에 대한 설명으로 대체했다. 게다가 비코는 이탈리아 전역에서 창궐하여 마침내 비코가 살고 있는 고독 속으로까지 침투한 유행성 독감에 심하게 걸려 오랫동안 앓고 있었다. 이러한 모든 이유는 그가 근면하게 집필하는 것을 허용하지 않았는데, 왜냐하면 근면함이란

41_ 1729년.

42_ 1730년 4월 9일.

43_ 이것은 로돌리 신부로부터 온 설득조의 편지로 추정된다. Vico, *Opere*, I, p. 83, n. 1.

44_ 즉 86쪽을.

45_ 이 '표제화'는 일반적으로 '디핀투라'(dipintura)라고 알려져 있는 알레고리 그림을 가리킨다. 이 그림에 대해서는 다음을 참고할 것. 조한욱, 「『새로운 학문』의 디핀투라」, 『청람사학』 22, 2013.

『새로운 학문』 재판본 표제화.

거대한 논지와 관련하여 고투하며 소진되어야 하는 것이지만 [그가 해야 했던 일들은] 사소하고 따라서 마지못해 하는 일이었기 때문이다. 이러한 모든 것 때문에 그는 혼란되거나 순서를 잡아야 하거나 윤곽만 잡아놓아서 더 다듬어야 하거나 짧아서 더 확대시켜야 할 어떤 표현들에 주의를 기울일 수가 없었다. 또한 그것은 산문에서는 피해야 할 수많은 시적 운율로 된 표현의 경우에도 마찬가지였고, 마지막으로는 기억의 착오로 인한 실수가 여러 곳 있었는데 그것은 단지 어휘의 실수였을 뿐 의미를 손상시킨 것은 아니었다. 그리하여 그는 최초의 주석이 달린 그 책[46]의 말미에 전술한 이유 때문에 상당히 많았던 인쇄상의 실수에 대한 교정과 함께 M과 A라는 문자로 개선 사항과 추가 사항을 덧붙였다.[47] 그는 두번째의 주석에서도 같은 방침을 따랐다. 그 저작이 나오고 며칠이 지나

46_ 『새로운 학문』의 재판본으로 알려진 이 책은 나폴리의 펠리체 모스카 출판사에서 1730년 12월에 출판되었다. 교황 클레멘트 12세에게 헌정된 이 책의 원래 제목은 다음과 같다. 『여러 민족의 공통적 본성에 관한 새로운 학문의 여러 원리에 대한 잠바티스타 비코의 다섯 권의 책*Cinque libri di Giambattista Vico de' principj d'una Scienza nuova d'intorno alla comune natura delle nazioni*』.

47_ M은 miglioramenti 즉 '개선 사항'을 가리키고, A는 aggiunte 즉 '추가 사항'을 가리킨다. 그렇지만 사실상 이 주석의 본래 제목은 "수정 사항, 개선 사항, 추가 사항*Correzioni, miglioramente e aggiunte*"이었다.

그는 스칼레아 공公 프란체스코 스피넬리[48]에게 편지를 썼다. 그는 특히 그리스어에 대해 수준 높은 지식을 갖고 있던 진지한 철학자로서 그 저작 전체를 사흘 만에 숙독하면서 세 군데의 잘못을 지적했던 것이다. 그 친절한 조언에 대해 비코는 다음의 편지에서 정중하게 감사를 표했고, 그것은 두번째 주석에 첨부되어 인쇄되었는데,[49] 그것은 다른 지식인들로 하여금 같은 일에 동참하도록 암묵적으로 초청한 것이었다. 왜냐하면 그런 지적에 따른 수정은 감사히 받아들여야 하는 것이었기 때문이다.

> 저는 탁월하신 귀하에게 무한한 감사를 드려야만 합니다. 왜냐하면 최근에 인쇄된 『새로운 학문』을 사흘 전에 제 아들[50]을 통해 보내드렸는데, 귀하께서는 숭고한 철학적 명상이나 특히 그리스의 심오한 작가들을 읽으면서 보낼 귀한 시간에 벌

48_ 프란체스코 스피넬리(Francesco Maria Spinella principe di Scalea: 1686~1752)는 데카르트에 경도되었던 철학자로서 그레고리오 칼로프레세의 제자였다. 칼로프레세에 대해서는 Ⅱ-주34)를 참고할 것. 스피노자철학의 기원에 대해 파올로 마티아 도리아와 논쟁을 벌였던 것으로 유명하다. 도리아에 대해서는 Ⅲ-주43)을 참고할 것.

49_ 이것은 1731년 초에 『저자가 탁월한 스칼레아 공에게 보낸 편지*Lettera dell'autore all'eccellentissimo principe di Scalea*』라는 제목으로 12쪽의 소책자로 출간되었다.

50_ 젠나로(Gennaro: 1715~1806)를 가리킨다.

써 그 책을 다 읽으셨기 때문입니다. 경탄할 정도로 예리한 귀하의 재능과 지고한 귀하의 이해력 덕분에 귀하는 그 저작의 정수까지 파고들어 모든 외연을 파악하셨습니다. 귀하의 높은 지위에 걸맞은 고귀한 정신에 이끌려 표현하게 되는 칭찬의 견해를 겸허한 침묵 속에서 지나치면서 고찰해주신 다음 여러 문장의 잘못들을 지적해주신 귀하의 친절함에 큰 고마움을 느낍니다. 귀하께서는 친절하게도 그 잘못들은 논의하고 있는 문제의 의미를 손상시키지 않는 단순한 기억의 실수라고 말씀하셨습니다.

첫번째의 잘못은 313쪽 19행에 있습니다. 여기에서 저는 브리세이스를 아가멤논의, 크리세이스를 아킬레우스의 소유물로 만들었습니다. 그리고 아폴론이 크리세이스 때문에 그리스인들 사이에 역병이 돌게 해 파멸시키자 아가멤논은 크리세이스를 아폴론의 신관이었던 아버지 크리세스에게 되돌려 보내라고 [아킬레우스에게] 명령했습니다. 그렇지만 아킬레우스는 그 명령에 복종하지 않습니다. 호메로스는 이 이야기를 아주 다른 방식으로 말합니다. 그렇지만 제가 범한 이 잘못은 사실상 관습과 관련된 대단히 중요한 문제에 있어서 인식도 하지 못한 채 호메로스를 수정해놓은 것이었습니다. 왜냐하면 실로 아킬레우스는 복종하지 않았을 것이며 아가멤논은 군대의 안위를 위해 아킬레우스에게 명령을 내렸을 것이기 때문입니다. 그러나 이 문제에 있어서 호메로스 자신은 실제로 적격[51]을 지켰던 것입니다. 이를테면 호메로스가 자신의 지휘관 아가멤논을 현명하게 만들었을지라도 그는 동시에 자신의 지휘관이 그에 못지않게 용맹하다고 상정했다는 것입니다. 그리하여 그가 아킬레우스의 강압에 의해 크리세이스를 양보하였고, 그리하여 자신의 명예가 손상되었다고 느꼈을지라도 그는 아킬레우스로부터 브리세이스를 공정하지 못하게 탈취해옴으로써 자신의 명예를 복구했고 이 행위로 말미암아 많은 그리스인들이 파멸을 겪게 되었다는 것입니다. 따라서 『일리아스』에서 호메로스는 우리에게 대단히 우둔한 지휘관을 제시하고 있는 것입니다. 결과적으로 저의 잘못은 실로 저를 크게 불리하게 만들었습니다. 즉 "참된 호메로스의 발견"[52]이 우리에게 확인시켜주었던 것으로서 호메로스가 갖고 있다고 여겨지던 심원한 지혜에 대한 더 큰 반증을 보지 못하도록 만들었다는 것입니다. 또한 비록 호메로스가 아킬레우스를 언제나 "흠 잡을 수 없는"이라는

51_ 원어는 "decoro". 라틴어나 거기에서 파생된 영어에서는 'decorum'이라고 한다. 예술 작품이 통일성을 유지하기 위해서 갖춰야 하는 일관성을 가리킨다. 예컨대 작중의 어떤 인물이라 할지라도 자신에게 어울리는 문체나 어투를 사용해야 한다는 것이다.

52_ 『새로운 학문』의 제3권을 가리킨다.

수식어로서 그리스에서 영웅적 미덕의 귀감이라고 찬양했다 할지라도 그는 학자들이 정의하는 영웅의 관념에 부합하지 못합니다. 왜냐하면 아킬레우스의 비탄이 정당화될 수 있는 것이었다 할지라도 그는 자신의 부하들을 전장에서 거두고 자신의 선박들을 공동의 함대에서 철수시키면서 불경한 저주를 내뱉었기 때문입니다. 즉 헥토르가 역병으로부터 살아남은 나머지 그리스인들을 파멸시키라고 저주하면서 그 저주가 실행되는 것을 기쁘게 바라보았다는 것입니다. 우리의 논의에서 귀하께서 제게 시사해주셨던 문구에서 보듯 아킬레우스는 파트로클로스에게 그 전쟁에서 그리스인들과 트로이인들이 단 두 명만 남고 모두 살해되기를 바란다고 말했던 것에서 보듯이 말입니다. 그것이야말로 악독한 자의 복수입니다.

두번째의 잘못은 314쪽 38행과 315쪽 1행에 있습니다. 거기에서 귀하는 카피톨리네 언덕의 요새를 갈리아인들로부터 지킨 사람은 만리우스 카피톨리누스이며 자신의 아들의 목을 벤 또 다른 만리우스의 이름은 토르콰투스라는 사실에 저의 주의를 환기시키셨습니다.53 빚에 몰린 평민들을 구제할 방법을 새

53_ 만리우스 카피톨리누스(Marcus Manlius Capitolinus: ?~384 BC)는 게르만족의 일파인 세노네스 족의 침입으로부터 로마를 방어한 귀족이었다. 평민을 도왔다는 이유로 처형당했다. 만리우스 토르콰투스(Titus Manlius Imperiosus Torquatus)는 아들이 승리를 거두었지만 군율을 어겼다는 이유로 처형시

롭게 도입하려고 하다가 평민들의 환심을 사서 스스로 황제에 오르려 한다는 귀족들의 의심을 받아 기소되고 타르페이아 바위에서 던져진 사람은 만리우스 카피톨리누스이지 만리우스 토르콰투스가 아닙니다. 이러한 기억의 혼돈은 제게 해가 됩니다. 그것은 고대 로마와 스파르타의 귀족국가의 균일성에 대한 강력한 증거를 제게서 빼앗아가기 때문입니다. 스파르타의 용맹하고 관대한 왕인 아기스는 스파르타의 만리우스 카피톨리누스였습니다. 그는 농지법이라기보다는 부채를 탕감하는 법과 상속에 관한 법을 만들었고 그리하여 민선장관들에 의해 처형당했기 때문입니다.

세번째의 잘못은 제5권의 마지막인 445쪽 37행에 있습니다. 거기에서 저는 "누만티아인"이라고 말했어야 합니다. 그들이 언급한 그곳에 있었던 사람들이었기 때문입니다.[54]

귀하의 친절하신 고찰 덕분에 저는 그 저작을 다시 읽고 두번째의 수정 사항과 개선 사항과 추가 사항을 기술했습니다.

이러한 첫번째와 두번째의 주석은 물론, 저자가 친구들과 때때로 그 책에 대해 논하며 적어두었던 다른 주석들은 세번

킨 로마의 장군이었다.

54_ 1730년의 『새로운 학문』 재판본에는 "사군툼인"으로 되어 있다.

비코가 『새로운 학문』 초판본을 헌정했던 로렌조 코르시니 추기경은 재판본이 출판될 즈음 교황 클레멘트 12세로 즉위했다.

째 판본이 출판될 때 적당한 곳에 지적하여 병합시켰다.[55]

비코가 『새로운 학문』의 재판본을 쓰고 출판하는 동안 초판본의 헌정 대상이었던 코르시니 추기경은 교황이 되었다.[56] 따라서 이 재판본은 교황에게 헌정되었다. 자신의 이름이 새겨진 책을 받은 교황은 자신의 조카 네리 코르시니 추기경[57]

55_ 이렇게 확대되고 숫자도 늘어난 주석은 1731년 8월에 완성되어 "세번째의 수정 사항, 개선 사항, 추가 사항"이 되었다. 세번째의 일부를 병합시킨 네번째의 주석은 1733년 또는 1734년에 만들었는데, 그것이 1735년부터 1736년 사이에 이루어졌던 『새로운 학문』의 세번째 개정판의 바탕이 되었다. 이것이 비코가 사망하였던 1744년에 인쇄되었던 『새로운 학문』의 최종본이다.

56_ 클레멘트 12세.

57_ 네리 마리아 코르시니(Neri Maria Corsini: 1685~1770)는 피렌체에서 필리포 코르시니 백작의 아들로 태어나 1730년에 추기경이 되었다. 교황을 선출하는 추기경들의 회의인 콘클라베에 세 번이나 참여했을 정도로 오래도록 영향력이 있었다.

이 동봉된 편지 없이 그 책을 받았다고 하자 그에게 다음과 같은 감사의 편지를 쓰도록 권했다.

고명하신 귀하에게,

『새로운 학문의 원리』에 대한 귀하의 저작은 이미 초판본부터 추기경이셨던 저의 주군의 칭찬을 이끌어냈습니다. 이제 이 새로운 판본은 귀하의 총명한 재능에 힘입어 더 큰 지식으로 확대되고 계몽되어 교황 폐하의 가장 자비로운58 마음으로부터의 감사를 받아 마땅합니다. 귀하가 제게 보내주셨고 제가 그 가치에 걸맞게 간직하고 있는 그 책에 대한 저의 감사의 표시에 더하여 교황님의 그러한 확신으로 귀하에게 위안을 드리고 싶습니다. 어떤 기회에도 귀하에게 도움이 되기를 바라며, 귀하의 일들마다 번성하시기를 기원합니다.

로마, 1731년 1월 6일, 언제나 사랑으로

추기경 네리 코르시니

비코는 이렇듯 큰 영광에 압도당하여 이 세상에서 더 바랄 것이 없었다. 그런데 노령에다가 많은 일로 지치기도 하였고,

58_ "가장 자비로운"의 원어는 "clementissimo". 교황이 클레멘트 12세임을 감안하여 이러한 수식어를 사용한 것처럼 보이기도 한다.

수많은 집안의 근심 걱정과 허벅지와 다리에 경련으로 인한 고통은 물론, 입천장부터 아래턱 사이에 있는 모든 것을 삼켜 버리는 것 같은 이상한 병에 걸려 그는 사실상 연구를 포기했다.[59] 그는 비견될 바 없는 라틴어 비가悲歌의 시인이자 솔직한 성격의 도메니코 로도비코 신부[60]에게 『새로운 학문』에 썼던 주석의 수고手稿[61]와 다음의 명문銘文을 전달했다.

기독교도 티불루스[62]인/ 도메니코 로도비코 신부에게/ 이 불운한 『새로운 학문』은/ 비참하게도/ 땅과 바다로 던져져/ 끊임없는 운명의 폭풍우 속에서/ 요동치고 고통받다가/ 찢기고 지친/ 잠바티스타 비코에 의해/ 마침내 안전한 항구로/ 구조되었다

59_ 니콜리니는 "포기했다"기보다는 전보다는 덜 열정적으로 학교에 헌신했을 뿐이라고 지적한다. 참고로 Ⅷ-주55)를 볼 것. Vico, *Opere*, I, p. 91, n. 4.

60_ 도메니코 로도비코(Domenico Lodovico: 1676~1745) 신부는 제수이트회의 수도사였다. 이 명문은 『새로운 학문』 재판본에 실릴 비코의 초상화 하단에 실릴 것이었다.

61_ 이 수고는 로도비코 신부의 사망 이후 제수이트회의 대학교에 보존되어 있었지만 지금은 전해지지 않는다. 『부정적 형태의 새로운 학문』과 비슷했을 것이라고 추정된다. Vico, *Opere*, I, p. 92, n. 1. 『부정적 형태의 새로운 학문』에 대해서는 Ⅵ-주4)를 참고할 것.

62_ 알비우스 티불루스(Albius Tibullus: 59?~19 BC)는 비가를 주로 썼던 고대 로마의 시인이었다.

비코는 자신의 강의를 함에 있어서 언제나 젊은이들의 향상에 가장 큰 관심을 가졌고, 그들이 환멸에 빠지거나 그릇된 학자들의 속임수에 넘어가지 않도록 하기 위하여 현학가들의 적대감을 사는 일도 마다하지 않았다. 그는 지혜를 따르지 않는 웅변이라는 것에 대해 논하지 않았을 뿐만 아니라 웅변이란 곧 지혜를 말하는 것이라고 말하곤 했다. 따라서 그의 강좌란 정신을 인도하여 그것을 보편적으로 만들려고 하는 것이었다. 다른 사람들이 부분에만 관심을 기울일 때 비코는 전체를 알아야 한다고 가르쳤고 그것을 위해 부분들은 서로 간에 일치하면서 전체로부터 의미를 이끌어내야 했다. 그는 어떤 특정한 소재를 말한다 하더라도 그것은 웅변에 의해 단 한 숨에 관련된 학문들로부터 생명력을 얻게 되는지 보여주려고 했다. 그것이 그 자신의 저서 『우리 시대의 연구 방법에 관하여』에 기술했던 것의 의미였다. 가장 현저한 예를 들자면 고대인들 중에서도 플라톤과 같은 인물은 오늘날의 대학교 전체와 마찬가지로 하나의 체계 속에 모든 것을 조화시켰다는 것이다. 그리하여 비코는 마치 해외에서 유명한 문인이 찾아와 그의 강의를 듣는 것처럼 우아하고 깊이 있게 여러 학문 분야에 걸쳐 매일같이 강의했다.

비코는 실수를 참지 못했다. 그는 글을 쓰면서 가능한 한 실수를 하지 않도록 조심을 했지만 실수를 저지르면 공개적으로 그것을 인정했다. 그는 자신과 경쟁을 벌이던 학자들의 잘못에 대해서도 자비로운 기독교도나 참된 철학자라면 간과하거나 동정했어야 할 사상이나 학문의 과오나 잘못된 행실에도 심하게 화를 냈다. 그러나 그 자신이나 그의 업적을 멸시하는 자들에 대해 신랄했던 것만큼 그와 그의 저작에 대해 정당한 평가를 내린 사람들에게는 언제나 고마워했다. 게다가 그들은 그 도시[나폴리]에서 가장 선하고 학식이 높은 사람들이었다. 설익고 헛배운 자들 중에서도 더 타락한 자들은 그를 바보라고 부르거나 더 공손할 경우에는 모호하거나 독특하거나 허황된 관념을 갖고 있다고 말했다. 더 사악한 자들은 다음과 같은 칭찬으로 그를 핍박했다. 즉 어떤 자들은 비코가 이미 연구 과정을 완수하여 자신들의 지식에 만족하고 있는 젊은이들에게 좋은 선생이었다고 말했던 것이다. 그것은 마치 알렉산드로스 대제와 같은 위인들의 자제는 어렸을 적부터 아리스토텔레스와 같은 사람들에게 교육을 위탁해서는 안 된다고 퀸틸리아누스63가 말했다는 것과 같았다. 다른 자들

63_ 퀸틸리아누스에 대해서는 III-주34)를 참고할 것. 그는 『웅변 교육론』에서 좋은 웅변가는 먼저 좋은 인간이 되어야 한다는 것을 강조하면서 단지 기교만 강조하는 웅변의 기술에 반대했다. 또한 그는 어린 시절부터 아이들을 교육시켜야 한다는 것을 강조했다.

은 비코가 선생님들에게 좋은 안내자가 될 것이라고 칭찬했는데, 그것은 큰 칭찬인 만큼 위험도 따르는 것이었다. 그렇지만 그는 이 모든 역경들을 축복으로 받아들이면서 마치 난공불락의 요새에 들어간 것처럼 자신의 책상 앞으로 물러나서 스스로가 "방해자들에 대한 고귀한 복수의 행위"라고 부르곤 했던 그 밖의 저작들에 대해 명상하고 집필했다. 그것이 마침내 그를 『새로운 학문』의 발견으로 이끌었던 것이다. 그가 생명과 자유와 명예를 누리면서 그 저작을 완성했을 때, 그는 파이드로스[64]가 다음의 훌륭한 구절을 지어주었던 소크라테스보다도 더 행운이 따랐다고 생각했다.

> 나는 그의 명예를 얻기 위해 그의 죽음을 피하지 않을 것이오.
> 내가 재가 되어버린다 해도 오명을 감수할 것이오.

64_ 가이우스 율리우스 파이드로스(Gaius Julius Phaedrus: 15 BC?~50 AD)는 1세기 로마의 작가로서 아이소포스의 우화를 라틴어 시로 만든 것으로 유명하다. 본문은 「소크라테스가 친구들에게」라는 우화의 내용이다. *Fabulae*, III, 9.

[부록 I][1]

비코의 말년
—빌라로사 후작[2]이 1818년에 계속하여 쓰다

비코 자신이 말하듯 비코가 큰 가정의 아버지가 되고 자식들이 장성한 이후 그는 행복한 아버지들이라 해도 흔히 겪게 되는 분노와 번뇌로 고통을 받아야 했다. 그는 가계의 궁핍이 나날이 커지는 것을 보면서 그것이 일찍부터 자신을 안락한 환경 속에 안착시키지 않고 자신의 상황을 개선시키기 위해 의존했던 모든 명예로운 수단을 끊어버리려 했던 섭리가 작용했던 것이라고 보았다. 그는 자신의 마이케나스[3]였지만 『새로

1_ 본서의 저본에는 1818년 빌라로사 후작이 집필했던 이후의 기록이 존재하지 않는다. 그렇지만 영역본이나 일역본이나 독역본에는 모두 이 부분이 수록되어 있다. 따라서 본서에서는 그 번역들을 참고하여 부록으로 처리한다.

2_ 빌라로사 후작(Carlantonio de Rosa marchese de Villarosa: 1762~1847)은 이탈리아의 역사가이자 음악학자였다. 그는 1823년에 왕립 역사가가 되어 주로 나폴리 출신 인물들의 전기와 인명사전을 저술했다.

3_ 가이우스 킬니우스 마이케나스(Gaius Cilnius Maecenas: 70?~8 BC)는 옥타비아누스, 즉 아우구스투스 황제의 정치적 조언자로서 문인들을 존중하고 후원함으로써 호라티우스와 베르길리우스로 대표되는 로마문학의 아우구스투스 시

운 학문』 초판본 비용의 후원 요청을 거절했던 로렌조 코르시니 추기경[4]으로부터 받았던 편지지의 뒷면에 다음과 같이 기술했던 것이다.

『새로운 학문』에 선행했던 저작의 인쇄 비용을 감당할 방도가 없었던 고명하신 코르시니 추기경으로부터의 편지. 그리하여 곤궁 때문에 나는 이것이 나의 마지막이 될 것이라고 생각할 수밖에 없네. 왜냐하면 단지 이 작은 책을 내기 위해서 나는 5그레인[5]의 다이아몬드 반지와 헤어지는 마음의 상처를 받았기 때문이지. 반지를 판 돈으로 책의 인쇄와 제본 비용을 댈 수 있었고, 내가 이 책의 출판에 책임이 있기에 같은 추기경께 헌정했다네.

그는 생계를 전적으로 교수의 적은 봉급에 의존해야 했고, 그것만으로는 결코 충분하지 않았기 때문에 라틴어 수사학과 문학을 자신의 집에서 사적으로 가르칠 수밖에 없었다. 우리 나폴리 시의 훌륭한 신사들은 그들의 자제들을 기꺼이 비코

대를 열었다. '마이케나스'는 '후원자'를 뜻하는 보통명사로 사용될 정도이다.

4_ VI-주6)과 VI-주21)을 참고할 것.

5_ 다이아몬드 무게를 재는 단위로서 1그레인은 1/4캐럿에 해당한다.

에게 보냈다. 같은 주제를 다루는 다른 어떤 교수보다도 그가 가장 잘 가르칠 것이며 게다가 도덕 교육까지 함께 얻을 수 있으리라고 확신했기 때문이었다. 학생들이 비코의 집에 와서 배우는 것에 더해 비코는 그 왕국의 중요한 귀족들의 집에 방문하여 그 자제들을 가르치기도 했다. 그중 몇 명만을 간략하게 말하자면, 트라에토 공작의 카라파 가문[6], 스칼레아 공의 스피넬리 가문[7], 라우렌자노 공작의 가에타노 가문 등이 있었다. 그 당시 나폴리의 유지들은 그들의 자제나 상속인들이 현명하고 지혜롭게 자라나도록 돌보는 법을 알지 못했다. 그들은 고귀한 혈통과 막대한 재산을 지닌 사람들이 어리석고 무지한 수많은 사람들 무리와 구분되지 않을 정도로 사악한 일에 물들지는 않을 것이라고 믿었을 뿐이다.

그렇지만 그러한 보조적인 수입으로도 언제나 절박하고 절망적인 긴급한 필요를 충당하기에는 충분하지 못했다. 그는 순진무구하긴 하지만 평범한 아내나 어머니에게 요구되는 능력조차도 결여된 여인을 아내로 맞아들인 큰 불행을 겪었다.[8] 글을 쓸 줄도 몰랐던 그녀는 가사에도 별로 신경을 쓰지 않

6_ 카라파 가문에 대해서는 Ⅲ-주21), Ⅳ-주47)~51)을 참고할 것.
7_ 스피넬리 가문에 대해서는 Ⅷ-주48)을 참고할 것.
8_ 비코는 테레사 카테리나 데스티토(Teresa Caterina Destito: 1678~1757)와 1699년 12월 2일에 결혼했다.

아 학식 높은 교수가 아이들의 옷뿐 아니라 필요로 하는 모든 것들을 신경 써서 구비해야 했다.

비코는 자식들의 응석을 받아줬고, 특히 두 딸을 편애했다. 맏딸 루이사9가 여자들에게 필요한 것 이상의 재능을 부여받았고 인문학 중에서도 특히 시를 애호하는 경향을 보이는 것을 알게 된 뒤 비코는 특히 큰 관심과 주의를 기울여 손수 가르쳤다. 그는 자신의 노력이 헛된 것이 아님을 알게 되어 흡족했다. 왜냐하면 큰딸은 성년이 되면서부터 시에서 두각을 나타냈고, 그것은 몇몇 인쇄된 문집에 그녀의 매력적인 시가 실림으로써 확인이 되었기 때문이다. 우리의 철학자가 항상 매달리던 일상적인 임무로부터 벗어나 딸들과 잠깐이라도 가벼운 마음으로 놀면서 웃고 있는 것을 본다는 것은 행복한 일이었다. 비코의 존경스러운 성격과 학식을 대단히 높이 평가했던 몬테카시노 수도회의 베네데토 라우다티 신부는 그러한 장면을 목격한 증인이었다. 그는 비코의 집을 자주 찾았는데, 어느 날 그가 어린 딸들과 놀고 있는 것을 보면서 타소10로부터 다음의 시구를 인용하지 않을 수 없었다.

9_ 루이사 비코(Luisa Vico)는 1700년에 태어났다.

10_ 토르콰토 타소(Torquato Tasso: 1544~1595)는 이탈리아의 시인으로서 제1차 십자군전쟁을 주제로 「해방된 예루살렘*Gerusalemme liberata*」(1580)이라는 서사시를 썼다.

여기 마이오니아[11]의 처자들 사이에서 보이는 것은

물렛대를 들고 수다를 떠는 알치데.[12]

이 말에 친애하는 아버지는 즐겁게 웃었다.

그렇지만 이 딸들이 그에게 준 위안은 여기에서 이름을 밝히지는 않겠지만, 그의 아들[13] 중 하나가 어렸을 적부터 보였던 나쁜 성품으로 인한 쓰라림으로 금세 부서져버렸다. 그는 성인이 된 뒤에도 공부나 건전한 습관에 몰두하는 대신 유약하고 게으른 삶에 빠져 시간이 지날수록 모든 종류의 악행에 물들어 가족 전체의 수치가 되었다. 비코는 좋은 아버지로서 잘못에 빠진 아들을 올바른 길로 되돌려놓기 위해 하지 않은 일이 없었다. 반복적인 애정 어린 훈계와 지혜와 명성이 높은 사람들로부터의 권위적인 경고들 역시 그 잘못된 젊은이를 개과시키는 데 아무 소용이 없었다. 비탄에 빠진 아버지가 어쩔 수 없이 아들을 감옥으로 보내기 위해 경찰을 불러야 하는 지경에까지 이르렀다. 그러나 마지막 순간에 경찰이 그의 집 계

11_ 고대 리디아에 있던 마을을 가리킨다.

12_ 이 구절은 「해방된 예루살렘」 16~17행에 나온다. '알치데'는 '헤라클레스'의 다른 이름으로서 남성을 대표하는 영웅이 여성처럼 물렛대를 들고 수다를 떠는 모습에 비코를 빗댄 것이다.

13_ 비코의 장남 이그나지오 비코(Ignazio Vico: 1706~1737)를 가리킨다. 그는 사망할 당시 관세청의 직원이었다.

단까지 다가오고 있는 소리를 듣고 그들이 해야 할 일에 생각이 미친 순간 그는 부성애에 휩쓸려 몸을 떨며 불행한 아들에게 달려가 "아들아 피하거라"라고 말했다. 그렇지만 이러한 아버지다운 행동도 경찰이 자신의 직무를 불가피하게 수행하는 것을 막지는 못했다. 그 아이는 감옥에 가서 오랜 시간을 보낸 뒤 개선의 여지가 보인 다음에야 풀려날 수 있었다.

결코 가벼운 일이 아니었던 그 난리에 그 못지않은 재앙이 더해졌다. 그의 둘째 딸[14]의 건강이 악화되더니 심각한 병고를 치르기 시작했던 것이다. 딸의 병은 아버지에게 고통이었을 뿐만 아니라 지속적으로 의사와 약의 비용을 부담시켰다. 그러나 그는 고통 속에서, 중단 없이 비용을 감수했다. 하지만 결국은 허사였다. 이렇듯 심각하게 마음을 써야 할 일이 많았음에도 비코는 명예와 의무가 불러냈던 그의 정규 수업을 결코 게을리하지 않았다. 그는 영웅적 인내심을 갖고 모든 것을 견뎠고, 어쩌다 가끔 몇몇 친한 친구들에게 "불행은 죽음 뒤에도 나를 쫓아올 것"이라고 슬프게 말했을 뿐이다. 곧 알게 되겠지만 이러한 불운의 전조는 불행하게도 현실이 되었다.

상서롭게도 나폴리 왕국에 부르봉 왕가의 불멸의 카를로

14_ 둘째 딸 안젤라 테레사(Angela Teresa)는 1709년에 태어났다.

스[15]가 도래하자 비코의 여건이 개선될 희망의 빛이 비치기 시작했다. 거창하고 신속하게 과업을 추진하여 왕국에 큰 업적을 남겼고 이후 왕좌에 오른 훌륭한 아들이자 후계자[16]가 그 과업을 완수하게 만든 이 관대하고 자비로운 군주는, 이전의 왕 알폰소[17] 못지않게 학자와 문인의 큰 후원자가 되는 일에 관심을 가졌다. 그리하여 그가 비코의 흔치 않은 자격 조건에 대해 알게 되었을 때, 그는 연봉이 100스쿠도에 달하는 왕립 역사 편수관에 임명한다는 다음과 같은 호의적인 공문서를 보냈다.

귀하가 소유하고 있는 학식과 이곳 왕립 대학교에서 오랜 세월에 걸쳐 젊은이들을 가르쳐온 노고를 고려하여 폐하께서는 귀하를 폐하의 역사 편수관에 임명하여 그에 합당한 직책과 임무를 부여하시려 합니다. 폐하께서는 귀하가 이미 출판하였던 수준 높은 저작에 대한 믿음을 갖고 귀하가 그 일을 잘 수행할 능력을 갖고 있다는 확신을 갖고 계셔서 귀하의 대학교 봉급에 더하여 100스쿠도 역시 봉하려 합니다. 저는 귀하에게

15_ 부르봉 왕가는 1734년부터 1830년까지 나폴리 왕국을 지배했다. 나폴리의 카를로스 7세는 에스파냐의 카를로스 3세(1716~1788)가 된다.
16_ 1759년부터 1825년까지 다스렸던 페르디난드 4세를 가리킨다.
17_ I-주15)를 참고할 것.

폐하의 이 명령을 기쁘게 전달하며, 귀하께서 폐하의 호의를 획득하였음을 알아주시기 바랍니다.

오래도록 신께서 귀하의 탁월성을 보존해주시길 진심으로 바랍니다.

나폴리, 1735년 7월 21일

요제프 요아힘 데 몬테알레그레[18]

후안Juan 바티스타 비코 귀하

우리의 비코는 한창때조차 그를 위협했던 병이 노년에 더욱 악화되지 않았더라면 군주가 베푼 자비의 증거를 더 많이 경험했을 것이다. 그의 신경계는 눈에 띌 정도로 약해져서 걷기도 어려울 정도에 이르렀다. 더 큰 고통은 기억력이 날이 갈수록 약해진다는 것을 깨닫게 되었다는 것이다. 그런 이유로 그는 사적인 수업은 물론 대학교의 강의도 포기해야 했다. 그리하여 그는 자신의 아들 젠나로[19]를 최소한 임시로라도 그의 강좌의 후계자로 임명해달라고 왕에게 청원했다. 비코에 따르면 젠나로는 여러 차례에 걸쳐 아버지 앞에서 대중을 만족시키며 웅변의 개요를 설명하는 능력을 보인 충분한 근거가 있

18_ 카를로스 7세의 국무장관이었다.

19_ Ⅷ-주50)을 참고할 것.

다는 것이었다. 그 청원은 포추올리[20] 주교이자 나폴리 대성당의 주임 신부로서 참사회 위원이었던 니콜라 데 로사의 견해를 듣기 위해 잠시 이송되었다. 왜냐하면 당시 대성당의 주임 신부가 대학교의 학장직을 겸임하고 있었기 때문이다. 이 현명한 고위 성직자는 젊은 젠나로 비코의 능력과 성실성을 잘 알고 있었던 데다, 잠바티스타 비코가 왕립 대학교에 오랜 기간 봉사했고 그의 좋은 품격이 아들에게 결집되어 나타났기 때문에 그 아들에게 수사학 교수의 직책을 부여하는 것이 적절하리라는 견해를 지체 없이 폐하에게 전달했다.[21] 대단히 자비로운 폐하 역시 이 견해에 동의하였기 때문에 수사학 교수직은 젠나로 비코에게 부여되었고, 노령의 병약한 아버지는 형언할 수 없을 정도로 만족했다.

그러는 사이에 노학자의 지친 육신은 나날이 약해졌다. 그의 기억력은 너무도 쇠퇴하여 그는 아주 가까이 있는 물건조차 기억하지 못하고 아주 친숙한 사물의 이름까지 혼동할 지

20_ 포추올리(Pozzuoli)는 나폴리 근교의 도시이다.

21_ 그러나 젠나로 비코가 수사학 교수에 임명된 것은 니콜라 데 로사(Nicola de Rosa)가 아니라 첼레스티노 갈리아니(Celestino Galiani: 1681~1753) 덕분이었다. 그는 새로 취임한 대성당의 주임 신부로서 국무장관 몬테알레그레에게 편지를 보내 비코를 왕립 역사 편수관으로 추천하기도 하였던 인물이다. 다음을 참고할 것. H. P. Adams, *The Life and Writings of Giambattista Vico*, pp. 197~198.

경에 이르렀다. 아프기 시작했을 때에는 효심 깊은 젠나로가 읽어주던 라틴 작가들을 들으며 즐거워했지만 더이상 그것도 즐겁지 않았다. 그는 하루 종일 방구석에서 움직이지도 않고 침묵 속에서 앉아 있곤 했다. 영양 섭취조차 힘들어해서 많이 먹지도 자주 먹지도 않았다. 때로 방문하던 친구들조차 반가워하지 않았으며, 전에 했듯이 개방적인 즐거운 대화에 몰두하는 일도 없었다. 어떤 약에 의존해서도 이 사악한 질병을 치료하는 것은 고사하고 진단하는 것조차 불가능했다. 대학교 의과의 동료 교수들이 제시한 효과적인 치료법도 소용이 없었다. 오히려 그의 절망적인 병환은 더욱 깊어져서 불행한 비코는 자신이 아끼던 자식들까지 알아보지 못할 지경에 이르렀다. 이렇게 비참한 상태가 1년 2개월 동안 지속되었다.[22] 어떤 종류의 음식도 혐오하게 되어 건강이 고갈되자 그는 침대에 몸을 맡기고 서서히 고통스럽게 진행되는 통풍 속에서 죽

22_ 비코의 병환에 대한 빌라로사의 묘사는 다소 과장된 것으로 보인다. 왜냐하면 비코는 삶의 마지막 14개월 동안 두 편의 소네트를 지었고, 『새로운 학문』의 세번째 판본 원고의 교정을 봤으며, 인쇄업자의 교정지 이곳저곳에 수정 사항을 더했고, 표제화로 나온 초상화에 지시 사항을 적었고, 트로이아노 다쿠아비바(Troiano d'Aquaviva: 1696~1747) 추기경에게 그 책을 헌정하는 것을 허락해달라는 편지를 보냈고, 사망하기 열이틀 전에 그 헌정사를 구술하여주었기 때문이다. *The Autobiography of Giambattista Vico*, trs. Max Harold Fisch & Thomas Goddard Bergin, Cornell University Press, pp. 221~222, n. 210.

음을 마셨다. 마지막 숨을 쉬기 며칠 전 그는 의식을 되찾고 오랜 잠에서 깨어난 것처럼 자식들과 주변의 사람들을 알아봤다. 이것이 그들에게 어떤 즐거움을 주었을지는 물어볼 필요가 없었다. 그러나 이렇게 개선되어봤자 그 혜택은 종말이 다가오고 있다는 것을 인식하게 되었다는 것뿐이었다. 몸이 쇠약해진 상황에서 폐의 출혈에 더이상 저항할 수 없게 되고 어떤 인간적인 치료책도 헛되고 결실이 없으리라는 것을 인정하면서 그는 학식 높은 친구였던 카푸친 수도회의 안토니오 마리아 다 팔라추올로 신부[23]를 불러 두려운 여행길로 떠나는 마지막의 임무를 돕게 했다. 신의 의지에 완벽하게 복종하고 자신의 죄를 용서해달라는 기도를 하면서 그는, 사랑하는 자식들 모두에게 제공하는 거룩한 교회의 도움을 간절하게 요청하며 다윗의 시편을 끊임없이 낭송하면서 1744년 1월 20일 76세를 일기로 평화롭게 숨을 거뒀다.[24]

23_ 그러나 팔라추올로(Antonio Maria da Palazzuolo: 1672~1735) 신부는 1735년에 사망했다. 비코의 장례를 주관했던 사람은 니콜라 메롤라(Nicola Merola) 신부였다.

24_ 비코는 1744년 1월 22일과 23일 사이의 밤에 사망했다. 빚과 가재도구 이외에 그가 남겨놓은 것은 16세기부터 18세기에 이르는 100점 정도의 그림이었는데, 그중에는 이탈리아 바로크시대의 화가 프란체스코 솔리메나(Francesco Solimena: 1657~1747)가 그린 그의 초상화가 포함되어 있었다. 이 초상화는 1819년에 분실되었지만 빌라로사가 아르카디아 아카데미를 위해 모사해둔 것이 남아 있다. 이 책의 표제화로 사용한 그 초상화이다.

그가 어떤 예언적 영감에 의해 예견했던 죽음 이후의 운명이 마침내 닥쳤다. 죽음 이후에도 불운이 이어졌던 것이다. 그 예견은 한 번도 들어본 적 없는 불행으로 들어맞았다. 수치스럽게도 그러한 불행은 우리가 자랑하는 계몽의 시대에도 반복하여 일어난다.

왕립 대학교의 교수들이 작고한 동료의 유해를 따라 묘지까지 동행하는 것은 관행이었다. 다른 많은 사람들이 따르지 않았을지라도 살아남았던 칭찬할 만한 관행이었다. 비코의 장례식 일정이 정해지자 거의 모든 교수들이 작고한 동료에게 마지막 경의를 표하기 위해 그의 집으로 와서 유해를 따라가려 했다. 그런데 비코가 소속되어 있던 산타 소피아회의 회원들이 도착해 교수들에게 반발하기 시작했다. 작고한 회원의 관은 동료 회원들이 운구하는 게 그들의 관례였기 때문이다. 그러자 교수들도 자신들이 그 명예를 지킬 권리가 있다고 주장하며 많은 선례를 인용했다. 그러는 사이에 시신은 마당으로 내려져 대학교의 휘장으로 장식된 상여 위에 올려졌다. 이때 회원들과 교수들 사이에서 큰 소동이 벌어지며 서로가 상대방에게 양보하지 않으려고 하면서 죽은 이의 면전에서 인간의 사악함과 오만함이 어디까지 갈 수 있는지 보이려 했다. 어떤 원만한 타협점에도 도달할 수 없게 되자 산타 소피아회의 회원들은 떠나기로 작정을 하면서 시신을 있던 자리에 방기해두었다. 교수들만으로는 장례식을 거행할 수 없었기 때문에 시신은 다시 집 안으로 옮겨졌다. 이런 방식으로 아버지의 시신이 다시 집으로 옮겨지는 것을 봐야 했던 이 사건이 아버지를 잃어 비탄에 잠긴 아들에게 얼마나 큰 충격이었을지 쉽게 상상할 수 있을 것이다. 그다음날 그는 슬픔을 감추지도 못한 채 아버지의 시신을 묘지까지 운반해달라고 성당의 참사회에 부탁하며 강제하다시피 부과된 추가 비용을 부담해야 했다. 교수들은 작고한 동료의 시신을 따라 묘지까지 동행하는 것을 꺼리지 않았으며, 시신은 오라토리오 수도회의 제롤라미니 성당에 묻혔다. 그곳은 비코가 생전에 가장 즐겨 다니던 성당으로서 자신의 유해를 안치해달라고 선택했던 곳이었다.

그의 유해는 1789년에 이르기까지 우리 도시 나폴리의 학자들의 운명이 그러하듯 무시되고 잊혀졌다. 그해에 그 위대한 아버지의 살아남은 아들이었던 젠나로는 그 교회의 한적한 구석에 아버지를 위한 작은 비석을 세웠다. 이것은 사소한 사람을 기리기 위해 세워진 호사스런 기념비를 바라보던 옛 시인의 불만을 되새겨볼 기회를 제공한다.

대리석 무덤에 리키니우스는 누워 있고, 카토는 가난한 무덤에

폼페이우스는 어느 곳에도…25

젠나로가 세운 비석의 비명은 다음과 같다.

수사학 교수

왕립 역사 편수관

잠바티스타 비코에게

*

살아생전에 그는 누구였는가

천재적 학문과 품성은

그의 저술 속에 드러나고

그의 명성도 그곳에 있네

*

25_ 이것은 고대 로마의 시인 바로(Publius Terentius Varro Atacinus: 82~35 BC)의 작품이라고 알려져 있지만 거기에는 논란의 여지가 있다. 빌라로사가 인용한 이 시는 원래의 시와 약간 다르다. 원래의 시는 다음과 같다. "대리석 무덤에 리키니우스는 누워 있고; 카토는 어느 곳에도…/ 폼페이우스는 작은 무덤에; 우리는 신이 있다고 믿는가."

사랑하는 아내
카테리나 데스티토의 곁에
그가 죽어 누워 있음을
이 명문은 보여주네

*

1744년 1월 19일
74세의 나이로 작고하다

*

비탄에 빠진 아들
젠나로가 세움

비코가 '라우필로 테리오'라는 이름으로 가입했던 로마의 아르카디아 아카데미에서는 보스코 파라시오[26]에 다음과 같은 비명이 새겨진 기념비를 세웠다.

26_ 보스코 파라시오(Bosco Parrasio)는 로마의 아르카디아 아카데미 회원들을 위한 정원이다. 아르카디아 아카데미에서는 회원들을 '목동'이라고 불렀다.

아르카디아 총회의 명에 따라
아르카디아의 목동이었고
보편법의 지식으로 명성 높은
문헌학자 라우필로 테리오에게

*

아르카디아의 목동 도랄보 트리아리오의 주관으로
그를 기려 세워짐
육백삼십이번째 올림피아드의
네번째 해에
아르카디아가 세워진 뒤
열여섯번째 올림피아드의 세번째 해에

[부록 II]

절망한 자의 사랑[1]

바라건대 내 쓰라린 고통들이여
하물며 고통을 주는 일에도 예의가 있다 하면
어두운 기억 속에 함께 모여 있으라.
왜냐하면 내 마음이 견디고 있는 수많은 고통은
천 가지 다른 형상으로 나를 공격해
내 비록 느끼긴 하지만 알 수는 없으니
내 재앙조차 셀 수 없어 두렵기 때문.
너희들, 불타는 한숨들이여
내 볼에 길 자국을 낸 눈물을 말려다오.
너희들, 내 한숨에 공격받은 눈물들이여

1_ 시 「절망한 자의 사랑*Affetti di un Disperato*」은 비코가 청년기에 해당하는 1686년에서 1695년에 걸쳐 바톨라의 성에서 거주하던 시기의 마지막 무렵에 쓴 것이다. 『비코 전집』 제1권에 수록되어 있으며, 비코의 생애와 사상의 단초를 엿볼 수 있는 작품으로 알려져 있다.

그 상처받은 가슴속으로 흘러내려가
복수의 눈물 속에 한숨을 빠뜨려
그 비정한 슬픔에 대한 위안을 내뱉던
너희들의 그 수치를 씻어버리게 하라.
나의 슬픔이 그리도 쉽게 그대와 함께 밖으로 나와
우리의 사랑이 머물던 장소를 떠나게 하지 말라.
왜냐하면 나는 죽음이 올 때까지
가슴속에 그대를 간직하여
내 삶의 목적지에 도달할 것이리니.

이제 철의 세계는 스러지고
이미 운명이 우리의 파멸을 예정해놓았으니
우리의 악은 죄처럼 커져
옛 시대의 모든 악을 높이 넘어섰고
새로운 질병의 무게 아래
무겁고 나약한 신체의 우리는 창백하게 신음하며,
우리의 삶의 날개는 무덤을 향하여
더욱 신속하게 날아가
언제나 재앙을 안겨주는
불행만이 우리에겐 넘쳐나네.

옛날에도 요즘에도 들어보지 못한 불행
인간의 생각과는 너무도 동떨어져
시험할 길조차 생각할 수 없는 불행.
그리하여 하늘은 더이상
행복한 자양분을 내려주는
자비로운 불빛을 붙이지 않는 듯하네.
이제 그 이상한 방식으로 악을 시도하는 자들만이
나의 운명을 거칠고 불경하게 만들어주었던
그 학살을 겨냥할 수 있는 것.
탐욕적이라고 부르건 잔인하다고 부르건 그들에게
단지 감사를 돌리고 다투지는 말지어다.

어떤 동물이라도 최초로
그 삶의 초입에 도달하면
삶의 타오르는 활력은
달콤하고 친밀한 유대 속에 신체와 결합되네.
그러나 불행하고 잔인한 우연이
또는 내게 도움 주기를 꺼려하는 별이
또는 정도를 벗어난 본성이
두 개의 상반되는 적敵들로 나를 구성했네.

그 하나는 병들고 고통받고 지친 사멸하는 육체
이제 나약해져가는 그 육체는
쓰라리고 소란스런 처벌로 고문한다.
더 우월한 나의 일부[2]마저 근심에 가득 차
잔혹한 질병으로 육체를 괴롭힌다.
아, 내가 그리도 자주 내가 나 자신에
맞서는 것을 느낄 때마다
내 정신에 반응하지 않는 신체는 없지만
그 정신은 감각을 일깨울 힘이 없으며
조롱과 분노의 쓰라린 결과만을 느낄 뿐.
그리도 비참하고 고통스런 상태에서
떠나라, 희망이여, 네 쉬고 싶은 곳으로.

그러나 언제나 후회하는 잔인한 즐거움은
조금이라도 그 슬픔 속에 숨겨져 있으니.
내 처지를 한탄하도록 몰고 가려 함은
더 큰 슬픔으로 나를 유혹하는 것.
나는 부드러운 가락의 노래를 부르며

2_ '더 우월한 나의 일부'는 '정신'을 가리킨다.

내 고통의 맞은편 언덕으로 향할 것이네.
사멸하는 육체를 넘어선 안정된 삶
절제된 즐거움, 정직한 환희
참된 미덕으로 획득한 보물
마땅히 받아야 할 명예
정결한 옷을 입은 평온한 정신을 노래하리.
그대는 나의 슬픔을 더 앞에 두기에
다른 어떤 것도 그에 버금가지 못하네.
사랑에는 사랑만으로 답할 수 있는 것
믿음에는 믿음만이 온화한 답례이듯.
나의 슬픈 생각 앞으로 오라
그것이 그대에겐 형벌과 고통이 될 것이니
슬픔이 흘러넘치는 나의 가슴에는
눈앞에 놓인 붉은 보석조차도
피가 우유인 듯, 불꽃이 얼음인 듯 보이게 되리니.

이제 무정한 별이여, 할 수만 있다면
그대의 호의를 던져버리라.
바라노니 이제 돌아가라.
이 낮은 곳의 소소한 행복에 영향을 미치는

천체의 친절한 움직임으로 돌아가라.
나 스스로 이것만은 알고 있으니
비탄이 따르지 않는 숨길을 들이마신 적이 없다는 걸.
아, 어찌하여 나는 그 축복받은 삶을 떠나
그 큰 재앙으로 지치고 타락하고 비참하게 끌려와
쓰라리고 절망적인 현재에 도달하게 되었는가.
슬픔 속에서 지내왔던 내 삶을
날마다, 달마다, 해마다 돌이켜보면
보이는 것은 한숨과 불꽃과 눈물과 죽음의
잔인한 운명 속에 태어났다는 것.
또한 그 잔인한 학살과 쓰라린 번뇌는
내 이미 있었던 곳과는 다른 곳으로 나를 데려가네.
나의 벼랑을 더 잘 관찰할 시간을
운명에게 주고 있을 뿐이네.
아니, 어쩌면 죽음은
나의 죽음을 더 쓰라린 주제로 만들려 하는가.

하늘의 밝은 쪽으로부터
월계수 그늘 밤나무 그루터기 위의 나를
미명으로부터 깨어나게 하려는

영혼을 밝혀주는 선한 빛이 내린다.
빛을 막는 베일에 가려 있어
꺼져 있던 내 가련한 영혼에.
그리하여 지금까지 봉쇄되었던 경이에 눈을 떠
스스로에 묻는 듯하다. "나는 누구인가?"
아, 나에게 이름을 부여해야 한다는
그러한 욕망에 나는 고통받는다.
내겐 언제나 그것이 선물이 아닌 형벌.
슬픔을 더 많이 알수록 더 고통을 받아야 하는 법.
오, 진실로 축복받은 그대 님프와 목동들이여
무지를 만족의 근원으로 알고
땀과 노고와 곤경을 잊은 그대들이여
사과와 우유와 꽃을 작은 선물로
받아들이는 법을 알아두시라.
시원한 그늘과 성스러운 화로가
더울 때와 추울 때 즐거움과 기쁨을 가져다준다.
거친 사랑과 고된 사냥 이외의
그 어떤 즐거움이 그대들의 마음에 들까.

그러나 고통받고 지친 나는 어떤 즐거움을 따라야 하나?

수많은 고문 속에 홀로 버려진 나는
땅속의 나무둥지와 바위가 정지해 있듯
땅 위의 성가신 부담이 된 불모의 나는
참담함 속에서 어떤 삶을 살아야 하나?
최소한 작아져 사라지는 것이 나의 기쁨이지만
운명은 그것도 내게 허락하지 않네.
이제 항상 내게 새로운 한숨과 새로운 눈물이 준비되어 있다면
참담한 비여 쏟아지라, 비여 쏟아지라
쓰라린 운명의 불경한 내 머리 위로.
더 병들고 더 적대적인 다른 재앙들을
원하지 않는 체하지 말라.
그것은 그대의 자비가 아니라 빈곤일 뿐이라 생각하니.
내가 절망한 사람들 중의 첫번째이고,
불행한 슬픔의 확실한 표본이 된 것은
아마도 질투 때문이 아닐지.
그러나 나의 형벌을 위해 나는 맹세하리라.
이 거친 숲에, 외롭고 두렵고 우울한 숲에 맹세하리라.
내가 나의 숨을 내뱉을 때까지
그 고고한 침묵을 흔들지 않겠노라고.

홀로 남아 나와 함께 눈물 흘릴 노래여
내 슬픔을 간직한 노래여, 사람들 사이로
자비를 구하러 다니지 말라.
숭고한 나의 고통을 위로함은 곧 경멸함일 뿐이니.
함께 눈물 흘린 슬픔이 느껴지지 않는다면
그대는 여전히 그와 함께 눈물을 흘리며
상처받은 마음을, 절망한 자의 의지를 조롱하는 것이다.
거친 형벌만을 느끼고 있는 그 마음을.

[부록 Ⅲ]

시 「절망한 자의 사랑」 원문

부록 Ⅲ은 1948년 6월 베로나에서 발간되었던 판본을 복사한 것으로, 1692년 스물넷의 청년 비코가 쓴 시를 담고 있다. 이 시는 비코가 후견인이었던 성주의 딸 줄리아에게 느꼈던 드러낼 수 없었던 연모의 감정을 담고 있다. 그런 한편 이 시에는 넘어설 수 없는 신분 차별에 대한 반감과 민중에 대한 사랑도 담고 있다고 보인다. 그것이 종래 다른 학자들의 해석과는 다른 특별한 의미를 이 시가 갖고 있다고 보는 이유이고, 그것이 이 시를 원문과 함께 부록으로 수록한 연유이기도 하다. 더 상세한 내용은 해제를 참고하기 바란다. 다음은 그 표지의 번역이다.

"절망한 자의 사랑
나폴리인, 잠바티스타 비코의 칸조네

나폴리의 우니티 아카데미에서 채록

고명한 영주이자 항상 존경하는 후견인인
바톨라 후작이자 아마토 남작인
도메니코 로카 각하에게

1693년 베네지아에서
검열관의 허락을 얻어."

AFFETTI
DI VN DISPERATO.
CANZONE

DI

GIO: BATTISTA DE VICO

NAPOLETANO,

Trà gli Accademici Vniti di Napoli
il Raccolto.

ALLO ILLVSTRISS. SIGNORE, ET PADRONE SEMPRE
COLENDISSIMO

IL SIGNOR

D. DOMENICO
ROCCA,

Marchese di Vatolla, Baron di Amato,
Vtil Signore del Feudo di Giuda &c.

In VINEGIA, Per lo Gonzatti 1693.

CON LICENTIA DE' SVPERIORI.

LAsso vi prego, acerbi miei martiri,
A' vnirui insiem nela memoria oscura;
Se cortesi mai sete in dar tormento:
Poiche son tanti, che lo mio cor dura,
Di mille vostre offese i varij giri,
Ch' I'non ben vi conosco, & pur vi sento:
Talche di rimembrar meco pauento
Le mie sciagure. Hor voi, sospiri accesi,
Ite à seccarmi i pianti in mezo al varco
Del ciglio d'humor carco:
Et voi, da miei sospir miei pianti offesi,
Tornando in giù, di lor vi vendicate
Con sommergerli adentro 'l mesto core:
A' cui per le vostr'onte homai si toglia,
Che possa la sua cruda amara doglia
Sfogar: poiche così agio non fate,
Ch'vscendo fuor con voi il mio dolore,
Lasci l'albergo d'ogni nostro affetto:
Perch'Io, finche m'hà morto, in mezo al petto
Serbarlo vò, se mai quel, che m'auuiua,
Potrà menarmi del mio corso à riua.

Perche cadente homai è'l ferreo Mondo,
Et son già instrutti à farci stratio i Fati,
Di pari con le colpe i nostri mali
Crebber sù gli altri dele prische etati
Troppo altamente: poiche sotto'l pondo
Di noui morbi i graui corpi, & frali
Gemono smorti: & à la tomba l'ali
Il viuer nostro hà più preste, & spedite:
Et son sempre feconde le suenture
Di sì fatte sciagure
Non più per noua, ò antica fama vdite,
Et dal pensier'human tanto lontane,
Che crederle men sà, chi più le proua:
Talche sembra lo Ciel, che non più accenda
Benigno lume, onde quà giù discenda
Vn'alma lieta. Hor chi cotanto strane
Guise di mali intende mai per proua,
Se potesse mirar, qual'è lo scempio,
Che di mè fa mio Destin fero, & empio,
Al suo, c'hor chiama auaro, & hor crudele,
Gratie sol renderia, non che querele.

Di qualunque animal, quando primiero
Al'ime ſoglie del ſuo viuer giunge,
Lo'nfocato vigor, onde hà la vita,
Con dolci nodi amici e' ſi congiunge
Ala ſua ſalma: e vn caſo aduerſo, & fero,
O' pur ſia ſtella auara in darmi aita,
O' natura dal ſuo corſo ſmarrita
Di duo aduerſarij mè laſſo compoſe:
Il mio mortale infermo, afflitto, & ſtanco,
C'homai par venir manco,
Stratia l'alma con pene aſpre, noioſe;
E'l mio miglior, che d'egre cure abonda,
Affligge'l corpo con crudeli peſti:
Et mentre ohimè con penſier molto, & ſpeſſo
Mè'nterno à ſentir mè contro mè ſteſſo,
Membro non hò, ch'al'anima riſponda;
Poiche non hò vertù, che i ſenſi deſti;
Se non ſe'n quanto mi ſi fan ſentire
Gli acerbi effetti de'lor sdegni, & ire.
In sì miſero ſtato, & sì doglioſo
V'à ſpera, ſe tù puoi, qualche ripoſo.

Ma'l piacer fero di dolermi sempre
Parmi, ch'alleggi in parte 'l mio cordoglio;
Se del mio stato à lamentar mi mena:
Ond'Io, ch'à più, e à più dolor me'nuoglio,
Farò, cantando con suaui tempre,
Che pe'l contrario suo poggi mia pena.
Vita soura'l mortal corso serena,
Moderati piacer, delitie honeste,
Thesori per valor vero acquistati,
Honori meritati,
Mente tranquilla in habito celeste;
Et perche più lo mio dolor s'auanzi,
Talche null'altro mai fia, che l'agguagli;
Amor, di cui è sol'amor mercede,
Et vicende gentil di fè con fede
Venite al tristo pensier mio dinanzi,
Ch'e' vi farà sembrar pene, & trauagli
Alo mio cor, perche di duol trabocchi:
Sicome rossa gemma auanti gli occhi
Posta talhora, egli adiuien, che facci
Rassembrar sangue il latte, & fiamme i ghiacci.

Rinfacciatemi hor voi, s'vnqua potete,
Qualche voſtro fauor, ſtelle crudeli?
Ite, e ve'n prego à ritrouarlo homai
Entro quei moti de' benigni Cieli,
Che'nfluiſcon quà giù gioie più liete:
Solo ben' Io da mè sò, che non mai
Beuui reſpir, che non traheſſi guai.
Deh perche dala vita altra beata
Stanco da tante alte ſciagure, & rotto
Miſero fui condotto
Ala preſente amara, & diſperata!
Poiche, ſe mai à giorni, à meſi, agli anni,
C'hò ſpeſi nel dolor, I'ſon riuolto,
Veggio eſſer nato per mia cruda ſorte
Sol'à fiamme, ſoſpir, lagrime, & morte.
Et così crudi ſcempij, e acerbi affanni
Non m'hanno in quel, ch'I'era, anchor diſciolto?
Ah, che daranno tempo al Fato rio,
Che meglio ſtudij 'l precipitio mio:
Se non è forſe, che la Morte auara
Tema col mio morir farſi più amara.

Mi venne ſol da luminoſa parte
Del Cielo vna vaghezza di deſtare
A' piè de'faggi, & poi de'lauri à l'ombra
La bella luce, che fà l'alme chiare;
Ch'à la pouera mia ſi ſpenſe in parte,
Quando ſe'ndoſsò 'l velo, onde s'adombra:
Talche d'alto ſtupor finhor'ingombra
Parea à sè ſteſſa dir: laſſa chi ſono!
Ohimè, ch'à tal deſio trauaglio, come
Debbami dar'il nome:
Mà ſempre'l chiamerò pena, & non dono:
Se affligge più chi più conoſce il male.
O' in ver beati voi, Ninfe, & Paſtori,
Cui sà ignoranza cagionar contenti:
Ch'obliati ſudor, fatighe, & ſtenti
Acquetar vi ſapete à vn dono frale
O' di poma, ò di latte, ouer di fiori:
Et al caldo, et al gel diletto, et gioco
Vi reca l'ombra freſca, e'l ſacro foco:
Nè altra gioia à voi ſembra, che piaccia,
Che rozzo amore, ò faticoſa caccia.

Mà qual piacere I'ſeguo afflitto, & laſſo
Frà tanti ſtratij abbandonato, et ſolo
Nela miſera mia vita, che meno?
Che fatto ſon noioſo incarco al ſuolo,
Ancho infecondo, doue'l tronco, e'l ſaſſo,
Come in ſuo centro, han la lor quete; almeno
Il mio piacer'e'foſſe il venir meno:
Ma'l Fato me'l disdice. Hor, ſe mi ſerbo
Sempre à noui ſoſpiri, e à pianti noui;
Pioui miſerie, pioui
Soura'l mio capo, empio Deſtino, acerbo.
Et non voler meco moſtrarti auaro
D'altri ſcempij più infeſti, et più nemici;
Ch'I'tua penuria, et non pietà, la ſtimo:
Se non è forſe inuidia, chi I'ſia'l primo
Trà diſperati, et che mi renda chiaro
Eſſempio di dolor'agl'infelici;
Mà per le pene mie I'giuro à queſte
Aſpre ſelue, ſolinghe, horride, et meſte,
Che non mai turberà, mentre reſpiro,
I lor alti ſilentij vn mio ſoſpiro.

Canzon, sola rimanti à pianger meco,
Doue serbo'l dolor; nè frà la gente
D'ir chiedendo pietate habbi vaghezza;
Che l'alto mio martir conforti sprezza:
Mà, se doglia compianta e' men si sente,
Sdegna, ch'anchor tù resti à pianger seco
L'afflitto cor, che disperato vole,
Che l'aspre pene sue si sentan sole.

옮긴이 해제

드디어 작년 말에 비코의 『새로운 학문』 완역본이 빛을 보게 되었다. 번역자로서는 최선을 다해 독자의 이해를 도우려고 노력했지만 원작 자체에 내재한 어려움은 쉽게 사그라지지 않는 것처럼 보였다. 책을 읽은 많은 분들이 독해의 어려움을 토로하곤 하였다. 나름대로는 기회가 닿는 대로 그 책의 의미나 중요성에 대해 설명하는 강연에 나가기도 했고, 개별적으로 소통하게 된 분들에게는 책을 읽는 방법이나 순서에 대해 조언을 하기도 했다. 그렇지만 그보다는 더 본질적으로 비코의 생애와 사상을 알려야 할 필요성을 절감하게 되었다. 그것이 『자서전』의 번역에 속도를 더하게 된 이유이다. 왜냐하면 저자의 개인적인 주변 환경이나 성장 과정에 더해 그 당시의 시대적 상황을 어느 정도 알게 된다면 『새로운 학문』의 의미나 중요성이 다소나마 친밀하게 다가오게 될 것이라고 믿기 때문이다.

『자서전』의 첫 문장부터 비코는 오류를 범하고 있다. 1668년에 태어난 그가 1670년에 태어났다고 자신의 탄생 연도를 잘못 기록한 것이다. 실로 비코는 자신의 시대에 잘 확립된 사실까지도 잘못 제시하는 경우가 많아 "그릇된 인용을 위한 무한에 가까운 능력"을 갖고 있다는 조롱을 받기도 한다. 그렇지만 보통 그런 조롱은 비코를 깊이 이해하고 있는 학자들로부터 오는 것으로서, 저명한 이탈리아의 문학비평가인 주세페 프레촐리니는 비코가 "산을 뒤집어놓을 수 있지만 조약돌을 줍는 데는 미숙한 거인"[1]이라고 평가를 내린다. 어쨌든 그것은 한 명의 사상가에 얽힌 유쾌한 에피소드 정도로 생각하며 『자서전』에서도 나타나는 그와 비슷한 실수에 대해서도 긍정적으로 받아들이는 마음을 갖고 여기에 펼쳐진 비코의 세계로 들어가도록 하자. 어쨌든 각주를 통해 비코의 그러한 오류에 대해서는 가능한 한 수정을 했으니 말이다.

먼저 이 『자서전』에서 눈여겨봐야 할 것은 비코가 스스로의 사유 체계를 형성해간 과정이다. 사실 비코는 어느 특정한

1_ Giuseppe Prezzolini, *The Legacy of Italy* (New York, 1948), p. 170.

학파에 속한 적도 없고, 어떤 스승으로부터 가르침을 받은 적도 거의 없다. 비코의 부친은 서점 주인이었다. 부근에 여러 서점이 모여 있던 곳에서 자란 비코는 다른 것은 몰라도 책을 읽기에는 좋은 환경에서 자란 것이 확실하다. 비코는 책을 많이 읽었다. 그가 읽었던 굵직굵직한 저자들만 살피더라도 플라톤과 아리스토텔레스, 스토아학파와 에피쿠로스학파, 교부철학자와 스콜라철학자, 로마의 법학자, 르네상스시대의 인문주의자들, 베이컨과 데카르트와 스피노자 같은 당시로서는 최첨단의 철학자들, 그로티우스와 푸펜도르프 같은 법학자들에 달한다.

그렇게 방대한 독서의 분량도 놀랍지만 더욱 놀라운 것은 그가 책을 읽는 방식이었다. 그는 수동적으로 지식을 흡수하기만 하는 독서가가 아니었다. 그는 비판적인 독서를 통해 자신이 읽은 저자들의 사유 체계에서 받아들일 수 없는 부분을 논박하며 극복했다. 그와 동시에 그는 그들로부터 받아들일 것을 선별한 뒤 그런 점들을 종합하여 자신 고유의 정신세계를 만들어갔던 것이다. 당대의 명망 높은 철학자 칼로프레세가 고대의 에피쿠로스에 빗대 비코를 "스스로를 가르친 사람autodidalscalo"이라고 불렀던 것은 바로 이러한 의미에서였다. 『자서전』은 비코의 독서 이야기로 가득 차 있다. 그 고대와 현대의 작가들의 책을 읽어가며 무엇을 그들로부터 배웠고, 그럼에도 불구하고 어찌하여 그들과 노선을 달리하게 되었는지 그 과정에 대해 생생한 자의식을 갖고 기록하였던 것이다. "스스로를 가르친 사람"을 영어로는 "autodidact"라고 하는데, 여러 면으로 비코에게 큰 영감을 얻은 에드워드 사이드는 비코의 이러한 면모에도 감동받아 그것을 설명하는 뛰어난 논문을 쓴 바 있다.[2]

그렇다고 한다면 비코의 『자서전』은 지적 전기의 성격이 강하다는 것을 짐작할 수 있을 것이다. 간간히 비코의 희로애락을 보여주는 삶의 굴곡도 담겨 있지만, 전반적으로 『자서전』은 미숙했던 청년 시절의 비코가 원숙한 사상가이자 교육자로 성장해가는 과정에 대한 이야기이다. 실로 "학업의 과정에 있는 젊은이들이 더욱 안전하고 더욱 효과적으로 진척을 이루어 혜택을 받을 수 있는 방식으로" 학자들이 자신의 학문적 삶에 대해 기술하도록 독려하는 베네지아의 귀족 포르치아 백작의 계획의 일환으로 이 『자서전』이 집필되었다는 것이 한 사상가이자 교육자의 긍지와 사명을 확인시켜주는 것이다. 그다지 길지 않은 분량의 이 책에서 비코는 왕립 나폴리 대학

2_ 본문 III-주28)을 참고할 것.

교의 수사학 교수로서 매 학사 연도를 시작하는 10월 18일에 행한 연설들을 수록하고 있다. 그 연설문들은 물론 그에 바탕을 두었지만 그 주제를 확장하고 심화시킨 이후의 저서들은 궁극적으로 비코가 어떻게 수사학의 기술이나 교수법을 넘어서 『새로운 학문』에서 보이는 학문의 종합에 도달하게 되었는지 그 과정을 이해하는 데 도움이 된다.

한편 나폴리 왕국은 그 지배권을 놓고 에스파냐 왕국과 오스트리아의 합스부르크 왕가와 프랑스의 부르봉 왕가가 경합을 벌이던 요충지이기도 했다. 그러한 경합은 때로 실질적인 전쟁으로 이어졌지만, 대체적으로 그것은 지식과 학문의 세계를 장악하려는 검열과 이단 심문이라는 암투의 형태로 모습을 드러냈다. 비코는 그런 와중에서 저술과 학문 활동을 벌였던 것이기 때문에 예리한 독자라면 자신의 삶에 대한 비코의 서술 속에서 열강의 외교관계가 대학과 학문의 세계에 끼친 영향까지도 읽어낼 수 있으리라고 기대한다.

또한 『자서전』은 그러한 나폴리에서 지식인들의 동호인 모임이라 할 수 있는 아카데미와 같은 조직을 통해 어떻게 인맥이 형성되고, 그것이 학계에 어떤 영향을 미치는지, 그 구조에 대해서도 짐작할 수 있게 만들어준다. 또한 나폴리를 넘어 유럽의 세계에서 학자들 사이의 교류가 어떻게 이루어졌고, 그 과정에서 어떤 평판이 형성되었는지도 살펴볼 수 있다. 학자들의 세계에서는 순수한 학문적 업적에 대한 엄정한 평가가 가장 중요한 기준이 되어야 할 것이라고 비코는 믿었다. 그러나 그의 믿음과는 달리 거기에도 개인적인 호오관계나 이해관계는 물론 외교관계에 따른 음모까지 개입되어 있음을 비코는 편지와 같은 확고한 증거를 통해 시사하고 있다.

그렇게 모습을 드러낸 나폴리 왕국은 통상적으로 비코 학계에서 통용되던 모습과 다르다. 보통 나폴리는 지식과 학문의 측면에서 유럽의 뒷골목 정도로 비하되어왔다. 그렇지만 『자서전』을 읽어보면 사실은 나폴리에서 대단히 창조적인 지적 활동과 교류가 왕성하게 이루어졌음을 알 수 있다. 나폴리 출신 역사가 베네데토 크로체가 "피렌체가 시와 예술을 대표한다면 나폴리는 사상과 철학으로 두드러지기에 나폴리가 이탈리아의 수도가 되어야 했다"[3]고 논한 배경에는 비코를 위시한 당대 지식인들의 왕성한 활동에 대한 친숙한 지식이 있다. 실로 나폴리는 당대 문화의 중심지인 영국과 프랑스의 계몽주의를 받아들였을 뿐 아니라 오히려 큰 영향을 끼치기도 했

3_ Benedetto Croce, *History of the Kingdom of Naples*, tr. Frances Frenaye (University of Chicago Press, 1970), p. 9.

다는 것이 학계의 정설이다.[4]

지금까지 논한 것을 돌이켜보면 『자서전』은 『새로운 학문』으로 대표되는 비코의 사상을 알기 위한 보조 수단인 것처럼 보인다. 그렇지만 『자서전』은 그 자체로서 빛나는 가치를 지닌 자료이다. 무엇보다도 먼저 염두에 두어야 할 것은 이 책이 출판된 시기이다. 포르치아 백작의 계획은 1728년 베네치아에서 500쪽 정도의 책으로 출판되었다. 모두 여덟 명의 저자가 참여했는데, 그중에서 비코의 글이 가장 뛰어난 것으로 꼽혔다. 그 이유는 그것이 당시까지 하나의 장르로 정착되지 않은 "자서전"이라는 형식을 취했으며 게다가 그것도 지적 전기였기 때문이었다. 이것을 본뜬 계획이 1920년에야 독일에서는 『자전적 기술의 현대 철학*Die Philosophie der Gegenwart in Selbstdarstellungen*』이라는 제목으로 결실을 맺었고, 영국에서의 비슷한 시도를 거쳐 미국에서는 1930년에 이르러서야 『현대 미국 철학: 개인적 진술*Contemporary American Philosophy: Personal statements*』로 발간되었다는 사실을 감안한다면 그 참신성을 이해할 수 있을 것이다.[5]

4_ 이 점에 대해서는 다음을 참고할 것. John G. Robertson, *Studies in the Genesis of Romantic Theory in the Eighteenth Century: Scotland and Naples 1680~1760*, (Cambridge University Press, 2005).

5_ "Introduction", *The Autobiography of Giambattista Vico*, trs. M. H. Fisch

단지 시기적으로 앞섰다는 것만이 『자서전』의 중요성은 아니다. 궁극적으로 비코는 자신의 삶에 대한 인식으로부터 『새로운 학문』의 결론을 도출해냈다. 비코는 어렸을 적 사다리에서 떨어져 두개골이 파열되었고, 중년에 이르러서는 법학 교수의 공개 채용에서 탈락했다. 마치 개체 발생이 종족 발생을 반영하듯이, 비코는 자신 개인의 그 불행한 운명들이 『새로운 학문』의 집필에 몰두하여 인류의 더 큰 행복에 기여하라는 신의 섭리의 배려였다는 것을 깨달았다. 더 나아가 그는 인류의 조잡한 이기심이 궁극적으로는 『새로운 학문』에서 논증하려던 "이상적인 영원한 역사"를 위한 계획의 일환이라는 거대한 역사철학을 이끌어낸 것이었다. 이것은 비코 스스로가 확실하게 인지하고 있었던 것으로서, 크로체는 "비코의 『자서전』은 『새로운 학문』과 같은 정신 속에서 쓰였다"[6]고 정확하게 지적했던 것이다. 확실히 비코의 생애와 그의 필생의 업적 사이에는 뚜렷한 교감이 흐르고 있다.

그러한 교감에 대한 확실한 인식이 제임스 조이스로 하여금 치명적으로 실험적인 소설 『피네간의 경야』에서 어떤 계기가 이루어질 때마다 여러 나라에서 천둥소리를 표현하는 의

& T. G. Bergin, (Cornell University Press, 1944), p. 9.

6_ Benedetto Croce, La Filosofia di Giambattista Vico, (Bari, 1933), p. 311.

성어를 조합하여 만든 100자의 단어를 삽입하게 만든 이유였다. 사다리와 공개 채용에서 떨어진 것이 비코의 삶을 더 고귀한 것으로 만드는 전기轉機가 되었듯이, 천둥과 벼락이 떨어지는 것에 대한 두려움은 초기의 인류에게 두려운 생각이 들게 만들어 종교적 감정을 불러일으켰고, 그것이 인간 문명 출발의 계기였다. 비코는 그 두 가지의 떨어짐 사이의 유사성을 파악하면서 『피네간의 경야』를 비코의 순환적 역사관 속에 안착시켰던 것이다.[7]

『새로운 학문』을 부분적으로 독일어로 번역하였던 에리히 아우어바흐는 "단순하고도 명백한 사실이란 한 인간의 저작은 그의 삶으로부터 분출되어 나오며, 인간이 삶을 통해 경험에 축적시킨 모든 것을 해석한 작품이란 결코 쇠진되지 않을 것인 반면, 충분한 경험이 없는 사람들은 삶으로부터 우둔한 결론만을 이끌어내왔을 뿐"이며, 따라서 "우리가 궁극적으로 한 작품 속에서 이해하고 사랑하는 것은 한 인간의 삶이며, 그것은 바로 우리 자신의 가능성"[8]이라는 명언을 남겼다. 비록 그 문장은 고대 말과 중세의 라틴문학과 그 독자들에 대

7_ 이에 대해서는 다음을 참고할 것. 조한욱, 「비코와 함께 한 여정의 기억, 또는 기억의 여정」, 『역사와 문화』, 2011. 9.

8_ Erich Auerbach, *Literatursprache und Publikum in der lateinischen Spätantike und im Mittelalter* (Francke Verlag Bern, 1958), s. 14.

한 저서의 서문에 나온다 할지라도 작품보다는 삶이 먼저라는, 따라서 『자서전』이 『새로운 학문』보다 선행해야 한다는 비코의 가르침을 담고 있는 것이다.

이 책에서 비코의 시 「절망한 자의 사랑*Affetti di un Disperato*」을 따로 특별하게 부록으로 채택한 데에는 충분한 이유가 있다. 이 시는 비코의 청년기에 해당하는 1686년에서 1695년에 걸쳐 바톨라의 성에서 거주하던 시기의 마지막 무렵에 쓴 것이다. 당시 인구 250명에 불과하던 발로타의 한적한 성에서 비코는 로카 후작 자녀들의 가정교사로 있었다. 이 무렵 비코는 악화된 건강을 회복하면서 수많은 책을 섭렵하며 내면의 충실을 기했다고 알려져 있다. 에피쿠로스의 철학에 잠시 경도되나 그에 환멸을 느꼈던 일, 부지불식간에 데카르트의 철학을 알게 되었던 과정, 토스카나어로 된 칸조네에 관심을 갖게 되었던 전말과 같은 것이 그 내용을 이루고 있다. 그리고 그것뿐이다. 우리에게 알려진 것은.

그러나 10대 후반에서 20대 초반에 있던 잠바티스타 비코에게 이성과 학문만 존재했을까? 오늘날 바톨라 성에는 비코 재단이 들어섰고, 바톨라가 속한 칠렌토 지역은 국립공원으로 지정되었다. 그곳에서는 관광의 특수를 누리기 위해서인지 그 성에 머물렀던 비코를 부각시키면서 당시 비코가 로카 후작의 딸이었던 줄리아와 연인관계였다는 신문 기사를 보도했다.[9] 후작에게 줄리아라는 딸이 있었다는 것조차 밝히는 문헌이 별로 없었지만, 비코가 후견인인 후작의 딸 줄리아의 결혼식에 축시를 헌정했던 사실은 확인할 수 있었다. 이것이 그 시에 대해 관심을 갖게 된 이유였고, 그러한 관심은 최소한 내게는 뜻밖의 수확을 가져다주었다.

사실 그 시는 비코를 전공하는 학자들에게는 어느 정도 알려져 있었다. 하지만 그 시에 대한 해석은 거의가 비슷했다. 그 이유는 그 시에 대해 최소한 영어권에서 최초로 지대한 관심을 표명하였던 H. P. 애덤스로부터 비롯된다. 애덤스는 비코의 주요 저서와 자서전의 영어 번역본이 출간되기 훨씬 이전인 1935년에 『비코의 생애와 저술』이라는 평범한 제목의 책을 저술했다.[10] 따라서 내용이 부실하리라는 예상과 다르게 애덤스는 이탈리아어 원전에 통달한 것은 물론 주변적 자료까지도 두루 섭렵했고, 별로 길지도 않은 책 속에서 비코

9_ 그 기사는 나폴리에서 발간되는 『공화국*La Repubblica*』이라는 신문에 게재되었던 「잠바티스타 비코의 흔적을 따라Sulla tracce di Giambattista Vico」이다. 2017년 2월 27일 자.

10_ H. P. Adams, *The Life and Writings of Giambattista Vico*, (London: George Allen & Unwin, 1935).

의 삶과 사상을 유려한 필치로 유럽철학의 체계 속에 안착시켰다. 비코가 『새로운 학문』에서 언급하고 있는 플라톤이 본디의 플라톤이 아니라 피치노나 파트리지 같은 르네상스시대의 신플라톤주의 철학자들이 해석한 플라톤에 바탕을 둔 것이라는 논박할 수 없는 논거에 도달해서는 새롭게 알게 된 그 통찰에 감탄을 금할 길이 없었다.

애덤스는 그 책에서 「절망한 자의 사랑」을 영어로 옮겨 부록으로 실으면서 그 시에 대한 나름의 해석을 기술했다. 애덤스의 번역은 완전한 직역이라기보다는 몇 개의 시행을 하나로 압축시키거나 때로는 순서를 바꾸면서 영미권 독자들의 편의를 도모한 것으로 볼 수 있다. 그는 이 시가 비코의 감정을 숨김없이 토로한 유일한 작품이라는 것을 인정하는 한편,[11] 그것을 그의 철학의 형성 과정의 일부로 파악하려고 했다. 즉 그것을 자신의 내부에 대한 탐사와 그에 따르는 고통을 토로한 것으로 보고 있다. 즉, 바톨라 시기에 고민했던 에피쿠로스철학에 대한 태도가 반영된 시로 보았던 것이다. 일본의 학자 우에무라 다다오도 『자전』에 부록으로 그 시를 일본어로 번역하여 수록했다. 그의 해설도 애덤스의 해설 노선을 따르는

11_ ibid. p. 43.

것처럼 보인다. 그런데 이미 하나의 노선을 정해놓고 원문을 해석하려 할 경우에는 결코 상황에 들어맞지 않는 결과가 도출되곤 한다. 애덤스나 우에무라가 뛰어난 학자임을 인정한다 할지라도 그들의 번역에는 문맥은 물론 문법에도 맞지 않은 부분들이 보이며, 따라서 그들의 해석에서는 비코가 특히 경계하라고 말했던 "학자의 자만심"이 보인다는 것을 인정하지 않을 수 없다. 그들은 그 시를 작성한 '청년 비코'가 아니라 그들이 보려고 했던 '철학자 비코'를 먼저 보려고 했던 것이 아닌가 하는 우려인 것이다.

그 시를 쓴 1692년에 비코는 피가 끓는 스물넷의 청춘이었다. 그 나이의 젊은이가 자신이 별로 존중하지도 않는 에피쿠로스의 철학을 표현하기 위해 여덟 쪽에 달하는 장시를 썼을까? 아니라고 본다. 시가 절절한 감정의 표현이라면 그것은 청년 비코에게 가장 절실한 눈앞의 현실에 대한 토로였다. 앞서 말했던 나폴리의 신문 기사가 지적하듯 비코는 줄리아를 연모하게 되었다. 그러나 결코 드러낼 수는 없었다. 사회적 신분의 격차가 너무도 컸기 때문이다. 따라서 그 시의 제목 "절망한 자의 사랑"은 "절망한 자의 고통"이라고 옮겨도 무방해 보인다. 줄리아에 대한 사랑이야말로 고통이었기 때문이다. 줄리아 역시 비코에게 비슷한 감정을 품었던 것 같지만 결국 같은 신분의 남자와 결혼하게 되었다. 비코의 연정이 더욱 슬픈 것은 후견인의 보호를 받는 열등한 존재로서 그 결혼식의 축시를 그가 써야 했기 때문이었다.

애덤스와 우에무라가 비유적으로 해석했던 "맞은편 언덕"은 비코가 줄리아와 은밀하게 만났던 숲일 수 있다. 그 시의 여러 구절은 에피쿠로스의 철학이라기보다는 자신으로서 결코 어떻게 바꿀 방법이 없는 신분의 격차에 대한 절망을 토로한 것으로 보인다.

> 이제 무정한 별이여, 할 수만 있다면
> 그대의 호의를 던져버리라.
> 바라노니 이제 돌아가라.
> 이 낮은 곳의 소소한 행복에 영향을 미치는
> 천체의 친절한 움직임으로 돌아가라.

이것을 정신의 행복과 육체의 불행을 대비시키는 에피쿠로스의 철학의 표현으로 볼 수 있을까? 아니, 그보다는 하늘 높은 곳에 거주하며 아랫것들을 지배하는 귀족들에 대한 가녀린 저항의 표현이 아닐까 생각한다. 그런 맥락에서 시의 전문을 음미해주시기 바라는 마음으로 그 시와 원문 전체를 부록 III에 수록한 것이다.

나는 박사학위 논문에서 미슐레가 비코의 주저를 번역한 사실과 관련된 문제를 다뤘다. 나의 논지는 "인간은 자신이 만든 것을 알 수 있다"는 비코의 방법론적 원리를 미슐레가 왜곡하여 민중사학의 구호로 만들었지만, 그런 방식으로 그 당시의 시대정신에 부합하게 해석함으로써 비코가 더 널리 알려질 수 있게 만들었다는 것이었다. 비코를 널리 알리는 데 미슐레가 크게 기여한 것은 확실하지만 그가 알린 비코는 왜곡된 비코였다는 나의 생각은 확고했다. 그러나 더 깊이 파고들수록 틀린 것은 미슐레가 아니라 바로 나였다는 것이 명확해졌다. 잘못을 고백하는 것은 부끄러울 수 있는 일이지만, 감추는 것보다는 잘못을 인정하고 넘어섬으로써 더 큰 잘못을 막을 수 있다. 비코가 앞서 말했던 그 방법론을 확립한 것은 그것을 통해 어떤 역사적 실체에 대해 논파하고자 하는 것이 있었기 때문이었다. 나는 단지 역사학자로서 역사학의 존립 근거를 제시했다는 역사가들의 평판에 매료되어 비코가 진심으로 말하려 하던 것을 보지 못했다. 비코가 말하려던 핵심은 곧 바로 민중을 중심에 두는 역사학이었고, 그것을 미슐레는 정확하게 간파하였으며, 그런 이유에서 미슐레는 헌신과 희생의 능력이 고귀한 평범한 사람들의 역사를 다룬 『민중』을 집필했던 것이다.

이제는 조금이나마 명확해졌을 것이다. 「절망한 자의 사랑」은 결코 드러낼 수는 없었지만 비코가 가슴 깊이 간직하고 있었던 사회적 차별에 대한 분노와 민중에 대한 애정을 행간에 감춘 시로서 의미를 갖는다고 생각하기에 특별히 부록으로 실었으며, 그 확인을 위해 원문까지 수록했음을 밝힌다.

영국을 대표하는 비코 학자의 한 사람인 레온 폼파는 『비코 선집』을 번역 출간한 책의 머리말에서 '비코는 이탈리아 사람들이 인정하는 최고의 철학자이지만 외국에서는 그에 못 미치는 철학자들보다도 훨씬 인정을 받지 못하고 있다'는 사실을 꼬집었다.[12] 이 책이 오늘날 그 비코의 중요성을 깨닫고 받아들이는 데 조그마한 디딤돌이 되기를 바랄 뿐이다.

12_ Leon Pompa, *Vico: Selected Writings* (Cambridge University Press, 1982), p. xi.

비코 자서전
지성사의 숨은 거인

초판 1쇄 인쇄 2020년 6월 12일
초판 1쇄 발행 2020년 6월 22일

지은이 잠바티스타 비코 | 옮긴이 조한욱
펴낸이 신정민

편집 신정민 강건모 | 디자인 윤종윤 이정민 | 저작권 한문숙 김지영 이영은
마케팅 정민호 김경환 | 홍보 김희숙 김상만 지문희 우상희 김현지
모니터링 이원주 | 제작 강신은 김동욱 임현식 | 제작처 상지사

펴낸곳 (주)교유당
출판등록 2019년 5월 24일 제406-2019-000052호

주소 10881 경기도 파주시 회동길 210
문의전화 031) 955-8891(마케팅) 031) 955-3583(편집)
팩스 031) 955-8855
전자우편 gyoyudang@munhak.com

ISBN 979-11-90277-46-4 03160

◦이 도서의 국립중앙도서관 출판예정도서목록(CIP)은 서지정보유통지원시스템 홈페이지(http://seoji.nl.go.kr)와
국가자료종합목록 구축시스템(http://kolis-net.nl.go.kr)에서 이용하실 수 있습니다. (CIP제어번호: CIP2020022213)